죽음을
생각하는
마음에서

———

희망 찾기

죽음을
생각하는
마음에서

희망 찾기

인지행동치료 기반의
자살 생각 다루기 안내서

캐스린 호프 고든 Kathryn Hope Gordon 지음

이동훈·전홍진·김영애·김성현·정다송·엄희준·김민지 옮김

사회평론아카데미

죽음을 생각하는 마음에서 희망 찾기

인지행동치료 기반의 자살 생각 다루기 안내서

2023년 8월 18일 초판 1쇄 인쇄
2023년 8월 25일 초판 1쇄 발행

지은이 캐스린 호프 고든
옮긴이 이동훈·전홍진·김영애·김성현·정다송·엄희준·김민지
편집 임현규·한소영
디자인 김진운
본문 조판 토비트
마케팅 김현주

펴낸이 권현준
펴낸곳 (주)사회평론아카데미
등록번호 2013-000247(2013년 8월 23일)
전화 02-326-1545
팩스 02-326-1626
주소 03993 서울특별시 마포구 월드컵북로6길 56
이메일 academy@sapyoung.com
홈페이지 www.sapyoung.com

ISBN 979-11-6707-118-7 (93180)

* 본 역서는 2021년 대한민국 교육부와 한국연구재단의 지원을 받아 수행된 연구임
  (NRF-2021S1A3A2A02089682).

키스, 라일라, 그레이엄, 엄마, 아빠, 애니, 그리고 린다에게
그들은 내 삶에 수많은 사랑, 즐거움, 의미가 피어나게 해주었습니다.

자살 생각과 싸우는 모든 이들에게 부치며,
여러분이 이 책에서 평안과 도움을 찾기를 소망합니다.

역자 서문

우리 사회는 자살로 인한 문제가 매우 심각하며, 특히 대한민국의 경우 2020년 기준으로 자살률이 인구 10만 명당 24.6명으로 OECD 평균이 11명인 것에 비해 2.2배가량 높은 수치를 기록하였습니다. 이러한 자살 문제의 심각성으로 인해 정부에서는 자살예방국가행동계획을 세우는 등의 대처 방안을 마련했음에도 한국의 자살률 문제를 해결하는 데 어려움을 겪고 있습니다.

이 책은 상담자나 임상가를 포함하여 자살 문제를 겪고 있는 일반인들과 친구와 가족 등 주변인이 모두 활용하고 적용할 수 있도록 내용이 구성돼 있습니다. 또한 인지행동치료(Cognitive Behavior Therapy)를 기반으로 개발되어 자살 위험이 있는 개인에게 적용 가능한 근거 기반의 개입 방식을 제공하고 있습니다. 인지행동치료는 개인의 정신건강을 저해하는 요인들을 스스로 인지하게 하고, 이를 변화시킴으로써 자살을 생각하는 사람들에게 긍정적인 변화를 이끌어 낼 수 있을 것입니다.

자살을 생각하거나 시도하는 사람을 보다 잘 이해하려면 자살과 관련된 연구와 이론을 알아야 합니다. 또한 그들을 돕기 위해서는 발생할 수 있는 자살 충동에 대한 대처 방안을 알아야 할 것입니다. 이 책은 이론과 대처 양쪽에서 중요하고 필수적인 정보를 제공하고 있습니다. 또한 상세

한 설명과 함께 제공되는 풍부한 활동지는 전문가가 활용할 수 있는 유용한 도구이며, 내담자가 자살에 대한 생각에서 벗어나 지친 마음을 달랠 수 있도록 할 것입니다. 각 활동지에 예시를 제공하고 있어 큰 어려움 없이 활용될 수 있으리라 생각합니다.

자살에 대한 이해에서 시작하여 대처와 예방 행동, 치료 방법에 대한 전반적인 개입에 대해 다룸으로써 다양한 환경에서 이 책을 활용하는 사람들에게 효과적으로 도움을 제공할 수 있을 것입니다. 따라서 이 책을 통해 자살을 생각하는 사람들이 희망을 느끼고, 앞으로 나아갈 수 있는 힘을 얻기를 기대해봅니다. 끝으로 이 책을 출간할 수 있도록 도움을 주신 사회평론아카데미의 권현준 대표님과 임현규 편집장님께 감사의 말을 전하며, 이 워크북을 통하여 도움을 받고자 하는 모든 독자 여러분께도 깊은 감사를 드립니다.

성균관대학교에서

이동훈

추천 서문

미국의 자살률은 최근 몇 년 동안 상승세를 보이고 있는데, 심지어 이는 2020년에 벌어진 참사들 이전의 사례만을 놓고 본 것입니다. 물론 2020년에 발생한 문제 중에는 일어날 수밖에 없었던 사건 혹은 충분히 대비할 수 있었던 것들도 있었지만, 이것은 모두 달갑지도 않고 예상치도 못한 일이었습니다. 이러한 일들이 미국 대중들에게 큰 스트레스를 주었다는 것은 분명하므로, 어쩌면 2020년은 전년도보다 더 많은 미국의 자살 사망자가 발생하는 또 다른 해가 될지도 모릅니다. 이러한 사실을 잠시 제쳐 놓고, 명확하고 공식적인 데이터가 있는 가장 최신 연도인 2000년대 초반부터 2018년까지만 보더라도 미국의 자살률은 매년 이전 연도보다 꾸준히 증가했으며 해마다 더 높아졌습니다. 이러한 면에서 본다면 위험성 평가와 개입, 그리고 예방에 관한 우리의 기술은 미흡하거나, 또는 발전하지 못하고 정체되어 있다고 간주할 수 있습니다.

그럼에도 불구하고 이 책은 희망적인 이야기를 하고 있습니다. 어떻게 그럴 수 있을까요? 이 책을 집필한 저자를 지난 20년 가까이 지켜본 사람으로서, 저는 저자가 희망적인 성향을 가지고 있다고 자신 있게 말할 수 있습니다. 이러한 저자의 희망이 이 책의 모든 페이지마다 생기를 불어넣어 주고 있죠. 그렇다고 해서 저자가 말하고 있는 희망이 알맹이가 없는 것도 아닙니다. 그것은 수년간의 임상경험을 통해 어렵게 쌓아온 희망이며, 그 사실이 이 책의 내용에서도 명백하게 드러나고 있습니다.

물론 객관적인 모든 상황이 비관주의를 가리키고 있는데도 이를 무시하고 낙관적인 태도를 유지하는 것일 수도 있습니다. 그렇지만 상황을 낙관할 만한 객관적인 근거는 정말 아주 없는 것일까요?

있습니다. 이전의 2019년 데이터에서 미국 자살률의 상승 곡선에 반전이 나타납니다. 2018년보다 자살률이 감소한 것입니다. 더군다나, 미국 저자들이 계속해서 간과하고 있는 사실이지만, 전 세계의 자살률은 감소하고 있습니다. 미국 자살률이 증가하는 동안 국제 자살률이 감소했다는 것은 무언가 미국에 집중된 요인이 있다는 것을 시사합니다. 이러한 미국만의 특징적 요인으로는 아편 위기나, 미국 문화가 맺고 있는 폭력과의 관계 같은 것들을 예상해 볼 수 있습니다. 또한 미국처럼 자유롭고 개방적이면서 한편으로는 고도로 다원화된 사회에서 지식을 통해 얻은 이득을 퍼뜨리고 실천하는 것이 다른 나라에 비해 얼마나 어려운가 하는 문제도 하나의 요인이 될 수 있습니다.

이러한 요인들은 자살과 관련한 평가와 개입에서 실질적인 효과를 가져다주거나 반대로 자살률을 증가하게 할 수 있습니다. 이 책의 저자인 고든 박사(Dr. Gordon)는 평가와 치료에서 실질적인 효과를 얻을 수 있는 방법을 조언합니다. 우리에게 주어진 과제는 고든 박사의 조언을 더 널리, 더 다양한 집단에 전달하는 것이며, 이 희망적이고도 실용적인 책이 그 노력의 출발점이 될 것입니다.

토마스 엘리스 조이너 주니어 박사
(Thomas Ellis Joiner Jr., PhD)

활동지 목록

1장

들어가며

환영합니다!

당신이 자살을 생각하는 것을 해결하고자 도움을 받으려 한다니 정말 기쁩니다. 이 책을 펼쳐 듦으로써 당신이 보여주고 있는 용기를 스스로 칭찬하는 시간을 가져 봅시다. 힘든 상황에서 새로운 일을 시도하는 건 용기가 필요한 일이지요. 당신의 의지에 박수를 보냅니다. 당신도 자기 자신의 정신건강을 위해 도전하고 노력한다는 사실에 자부심을 느끼길 바랍니다. 지금 당장 느끼기는 어려울지라도, 당신의 삶은 가치 있습니다. 혼자 애쓰지 않아도 됩니다. 당신에게 각 단계를 안내하고 당신을 도와줄 상대를 찾는 방법을 소개해드리겠습니다. 이 책은 당신의 소중함을 깨닫게 해줄 뿐 아니라, 덜 고통스럽고, 보다 더 행복하며, 의미 있는 삶, 바로 당신이 원하는 삶을 설계할 수 있도록 항상 함께할 것입니다.

친구와 가족들에게 전하는 말

이 책은 자살 생각으로 고통받는 성인을 위해 만들어진 책입니다. 만약 당신이 자살을 생각하는 당사자가 아니라, 자살에 대한 생각으로 힘들어하는 가까운 지인이나 가족이 걱정되어 이 책을 읽고 있다면 당신의 진심 어린 행동에 먼저 감사하다는 말씀을 드립니다. 당신이 걱정하고 있는 누군가를 이해하고 돕는 데 이 책이 유용하게 활용되었으면 좋겠습니다. 당신이 보내는 지지가 가장 어려운 시기를 보내고 있는 그 사람에게 한 줄기 빛이 될 것입니다. 부록 A에 당신이 궁금해할 만한 질문들에 대한 답변을 실어 두었습니다.

임상가들에게 전하는 말

임상가로서 내담자를 돕기 위해 이 책을 정독하고 있다면 최고의 치료를 제공하려는 당신의 성의에 먼저 감사하다는 말씀을 드립니다. 우리는 모두 임상가로서 사람들의 가장 취약한 순간을 함께 공유하는 명예로운 역할을 맡고 있습니다. 환자들이 우리를 신뢰하는 만큼, 우리는 세심하고 윤리적이며 연민 어린 태도로 그들을 대해야 합니다. 이 책이 실무에 유용하게 쓰이기를 바라며, 부록 B에 추가적으로 사용할 수 있는 자원의 목록을 첨부해 두었습니다.

독자들에게 전하는 말

이 책을 당사자인 당신이 직접 읽고 있다면 당신을 지지해 주는 사람들과 부록 A와 B에 있는 자료 목록을 함께 살펴보는 것을 고려해 보세요. 그렇게 한다면 당신의 상태를 다른 사람들에게 이해시켜야 한다는 부담을 덜고 치료에 전념할 수 있을 것입니다.

저를 소개합니다

저는 치료사로서 자살 생각과 자살 행동으로 힘들어하는 수백 명의 내담자들과 함께 작업해 왔습니다. 이들의 삶에 긍정적인 변화를 가져오기 위해 내담자들과 함께 개개인에게 맞춤화된 효과적인 치료 계획을 고안해 왔습니다. 더불어 이 책에서 제공하는 활동들의 기초가 된 연구 문헌을 함께 연구해 왔습니다. 결정적으로, 자살 위기로부터 살아남은 수많은 사람의 지혜와 삶의 이야기를 들어 왔습니다. 따라서 이 책을 통해 지금까지 제가 배워 온 것들을 공유하여 당신이 그 지식을 당신의 삶에 적용할 수 있게 하고자 합니다.

이 책은 당신에게 용기와 힘을 주고자 만들어졌습니다. 자살에 대한 생각이 떠오를 때 이 책을 통해 능숙하게 대처하는 방법을 터득하게 되기를 바랍니다. 당신의 삶과 감정은 소중합니다. 그렇기에 이 책은 자기 자비가 가장 중요해지는 순간 이를 발휘할 수 있도록 각 영역에서 자기 자비를 가장 우선시하고 있습니다. (1) 당신이 통제할 수 있는 영역에 변화를 줌으로써, 그리고 (2) 통제할 수 없는 고난을 직면했을 때 그 고통을 달램으로써 당신이 덜 힘들어질 수 있는 방법을 찾기 위해 함께 노력해 봅시다.

당신은 왜 자살을 생각하나요?

사람들이 자살을 생각하는 이유는 각자 다르지만, 모두가 죽음이 유일한 탈출구라고 생각하게 만드는 압도적이고 고통스러운 감정을 경험한다는 공통점을 가집니다. 그러나 잊지 말아야 할 점은 자살에 대해 생각하는 것이 당신이 약하거나 문제가 있다는 증거가 아니며 수치심을 느껴야 하는 일도 아니라는 것입니다. 그건 단지 당신이 힘들고 아프다는 신호입니다. 참을 수 없는 고통을 느낄 때, 그것으로부터 벗어나고 싶어 하는 것은 지극히 당연한 일입니다. 그러므로 이 책에서는 당신이 고통에서 벗어나고 싶어 하는 것이 잘못되었다고 말하기보다 고통을 어떻게 완화할 수 있는지에 대해 이야기하고 있습니다.

각자의 개인적인 상황과 더불어, 사회적인 조건은 많은 사람이 정서적 또는 육체적인 필요를 충족하지 못하게 합니다. 양질의 의료 서비스, 교육, 주거, 보육, 그 외의 기초적인 필요에 대한 차별과 접근의 불평등은 스트레스를 야기하며 개인의 정신건강 또한 해칩니다(Li et al., 2011; Oh et al., 2019). 신학자이자 인권 운동가인 데즈먼드 투투(Desmond Tutu)가 말했듯이, "우리는 강에 빠진 사람들을 그냥 꺼내 주는 것을 멈추고, 그 대신 강의 상류로 가서 왜 그들이 강에 빠졌는지를 알아내야 합니다." 정신건강 옹호자들이 불평등을 해소하는 것을 강조하며 상류에서의 변화를 위해 싸우는 동안, 이 책은 당신이 물속으로 가라앉는 것 같다고 느낄 때 필요한 것들을 제공하고자 합니다.

치료사를 찾기 어려웠거나, 치료비가 부담이 되었던 경험이 있다면 그것은 당신의 잘못이 아닙니다. 당신만 그런 것이 아니라는 점을 알아 두세요. 많은 사람이 현대사회의 제도 속에서 도움을 구하기 위해 노력하고 있으나 막막함을 느낍니다. 이 책을 어디서 구하셨나요? 당신의 치료사가 이 책을 주었나요? 아니면 서점이나 도서관, 인터넷에서 직접 찾아보셨나요? 어찌됐든 이 책이 당신의 손에 들려 있고 당신이 활용할 수 있다니 정말 다행입니다. 이 책의 가장 큰 목적은 치료를 필요로 하는 사람 모두에게 널리 사용 가능한 치료 도구를 제공하는 것입니다.

무엇을 기대할 수 있을까?

이 책은 치료와 유사한 과정으로 당신을 안내합니다. 먼저, 이 책의 서두는 자살 생각과 자살 행동을 촉발하는 상황에 대한 인식을 높이기 위한 질문을 하면서 시작됩니다. 그다음에는 긍정적인 변화를 만들어 내는 중요한 작업이 시작됩니다. 저는 당신의 삶에서 자살을 생각하게 만든 여러 가지 측면을 당신이 지금까지 통제할 수 없었다는 사실을 알고 있습니다. 이 책에서는 당신에게 여러 가지 제안을 하지만, 이런 제안들이 당신이 절대적으로 잘못되었다는 것을 의미하지 않습니다. 그보다는 당신의 삶이 얼마나 힘든지 인정하고, 지지와 대처하는 기술이 어떠한 도움이 될 수 있는지를 보여 주고자 합니다.

자살의 3단계 이론

이 책은 여러 연구와 기초 이론(예를 들어, Joiner, 2005의 자살의 대인관계 이론)을 기반으로 하여 만들어진 자살의 3단계 이론[1](Klonsky & May, 2015)을 바탕으로 구성되어 있습니다. 이 이론은 자살 생각의 원인을 밝혀 내고, 변화를 통해 자살을 어떻게 예방할 수 있는지에 주목합니다. 3ST의 각 단계는 서로 다른 영역(고통/희망, 유대감, 자살실행력)을 담당하고 있습니다.

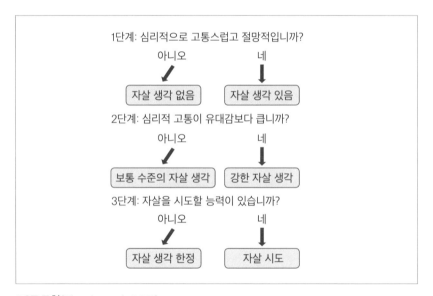

3ST 모형(Klonsky et al., 2016)

이 책의 개요

2장에서는 자기 자신과의 싸움에서 당신이 혼자가 아니라는 핵심 메시

---

1   Three-Step Theory of Suicide; 이하 3ST

지를 전달하면서 자살 생각과 자살 행동에 대해 이해할 수 있도록 도움을 줄 것입니다. 3장에서는 3ST에 대해 더 자세히 설명하고 있습니다. 이를 통해 당신은 기본적인 자살 이론의 기반을 실생활에 활용해 자살 생각의 원인을 탐색할 수 있습니다. 4장은 안전한 상태를 유지하면서 발생할 수 있는 자살 충동에 대처하기 위해 계획을 세우는 것에 초점을 맞추고 있습니다. 4장에서 위기 계획을 세운 뒤, 5장부터 9장까지는 자살 생각을 하게 만드는 마음의 상처로부터 벗어날 수 있는 여러 심층적인 활동을 제안합니다. 5장에서는 정서적 고통을 완화하기 위한 문제 해결과 인지행동치료[2](CBT)에 초점을 맞추고, 6장에서는 자기 자비와 수용으로 고통을 달래는 과정을 안내하고 있습니다. 7장에서는 네 가지 전략(도움 청하기, 낙관주의에 대한 이유 찾기, 관점 바꾸기, 감정에 주의 기울이기)을 통해 함께 희망을 키우고자 노력할 것입니다. 8장에서는 관계를 돈독히 하는 방법을 이해하고, 9장에서는 삶의 의미를 늘리는 방법에 대해 배울 것입니다. 10장에서는 신체적, 정서적 안전을 도모하고 유지하기 위한 지침을 제공하고 있습니다. 이 책은 11장으로 마무리되며, 11장에서는 지금까지 배운 내용을 복습하고 향후 계획을 세우는 데 도움을 제공합니다.

인지행동치료 기술이 어떻게 도움을 줄 수 있을까?

이 책은 우울, 섭식장애, 불면증, 불안, 자살 생각, 그 밖의 정신건강 문제를 치료하는 데 사용되는 근거 기반 치료인 CBT(Beck, 1993; Linehan,

---

2 Cognitive Behavioral Therapy; 이하 CBT

1993; Tarrier et al., 2008)로부터 상당 부분 영감을 받았습니다. CBT는 정신건강을 해치는 생각과 행동을 스스로 인지하도록 돕고, 개인의 생각과 행동을 변화시켜 정신건강을 향상시킵니다. 이 책에서는 CBT 전략 외에도 친절하고 유용한 방법을 통해 자기 자신과 자신의 감정에 더 쉽게 다가갈 수 있도록 하는 관계 기반 및 감정 기반 대처 기술에 초점을 맞추고 있습니다.

인지행동치료의 기초

고통스럽다고 느낄 때, 자신의 삶을 다른 관점으로 보는 방법을 떠올리는 것은 결코 쉬운 일이 아닙니다. 긍정적으로 생각하라는 말이나 고생 끝에 낙이 온다는 말을 들으면 무시당하는 기분이 들 수도 있고, 그럴 수 없다는 것 때문에 부끄러움을 느끼게 될 수도 있습니다. 마음의 문이 닫힌 것처럼 답답함이 느껴진다 하더라도 결코 당신의 잘못이 아닙니다. 당신이 느끼는 고통과 감정은 실재하는 것이고, 단순히 긍정적으로 생각하려고 노력한다고 해서 떨쳐버릴 수 있는 것이 아닙니다. CBT에서는 새로운 관점이 마음에 진실로 와닿을 수 있도록 단계별로 과정을 안내합니다. 벡(Beck, 1979)은 자살 생각을 가진 사람들이 지니는 네 가지 통념을 발견했습니다. (1) 내 인생은 무의미하다, (2) 내 인생은 비참하고 이런 인생에서 반드시 탈출해야 한다, (3) 나는 다른 사람들에게 짐이 된다, (4) 나는 내가 겪는 문제에 대처할 수 없다. 이 가운데 당신이 했던 생각이 있나요? 이 책에서는 여러 장에 걸쳐 이러한 통념을 각각 다루고 있습니다. 먼저 CBT 모형을 함께 살펴보겠습니다.

CBT에서는 생각, 감정, 행동이 모두 서로에게 영향을 미친다고 가정합니다. 이 책에 대해 지금 어떤 생각이 드나요? 이 책이 유용하다고 생각

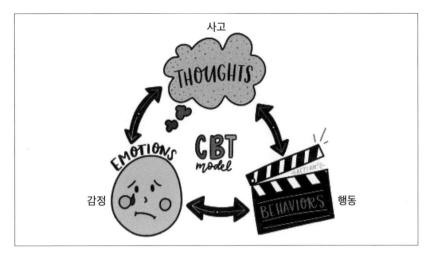

CBT 모형(그림: Alyse Ruriani)

한다면 아마 기쁘거나 희망을 느낄 것입니다. 이 책이 다른 사람에게는 유용할지라도 정작 당신한테는 도움이 되지 않는다고 느낀다면 아마 낙담하고 있을 것입니다. 반대로 당신이 마음의 문을 연다면 이 책이 궁금해질 것입니다. 지금 느끼는 감정은 당신의 생각과 행동에도 영향을 미칩니다. 당신이 짜증을 느낀다면 다른 사람들이 짜증을 유발하고 있다고 생각할 가능성이 높기 때문에 타인에게 짜증을 내는 방식으로 행동하게 됩니다(예: 사람들에게 쏘아붙이듯이 말하기). 마찬가지로 당신의 행동과 동작또한 생각과 감정에 영향을 미칩니다. 예를 들어, 직장에서 실수를 한다면부정적인 생각(예: '일을 망치지 말았어야 했는데')과 고통스러운 감정(예:당혹감)을 경험할 가능성이 높아질 것입니다.

사고 패턴

이제 생각이 어떻게 감정과 행동에 영향을 미칠 수 있는지 이해했으니, 벡, 번스, 엘리스 등(Beck, 1979; Burns, 1980; Ellis, 2016)이 개념화한 인지적 오류에 대해 살펴봅시다. 인지적 오류는 고통스러운 감정이 이어지게 하며, '인지적 왜곡'이라고도 불립니다.

인지적 오류	설명	예시
이분법적 사고 (all-or-nothing thinking)	어떤 상황을 중간(회색)이 아닌 양극단(흑 아니면 백)의 구도에서 바라봄(흑백 논리)	당신은 일주일에 3일씩 운동을 하려고 했으나 그중 하루를 빠뜨렸다. 당신은 이번 주의 건강관리에 완전히 실패했다고 판단했다.
과도한 일반화 (overgeneralization)	한 번의 부정적인 경험이 비슷한 모든 상황에 적용된다고 생각함	당신은 첫 데이트를 망치고는, 앞으로의 데이트도 잘되지 않을 것이라고 확신했다.
긍정 격하 (discounting the positive)	자기가 지닌 부정적인 관점을 반박하는 증거들을 묵살함	누군가 당신을 칭찬하자, 당신은 그 사람이 단지 친절해서 그런 것이며, 진심이 아니라고 생각했다.
독심술 (mind reading)	다른 사람의 의도나 감정을 근거 없이 추정함	당신이 어떤 사람에게 문자를 보냈는데 벌써 두 시간째 답장이 오지 않는다. 당신은 그 사람이 당신에게 화가 났거나 당신에게 관심이 없는 것이라고 생각한다.
예언자적 사고 (fortune telling)	나쁜 일이 일어날 것이라고 근거 없이 추정함	당신은 곧 열릴 행사가 잘 진행될 리가 없다고 생각한다.
감정적 추론 (emotional reasoning)	반대되는 증거가 있다고 하더라도 무언가를 사실이라고 느끼고 그 느낌을 믿음	당신은 친구에게 부탁을 한다. 친구가 기꺼이 도와준다고 말하지만, 그러나 당신은 이 부탁이 친구에게 짐이 된 것 같다고 느낀다. 당신은 자기가 짐 같은 존재라고 결론 내린다.
당위적 사고 (shoulding)	자기나 타인, 혹은 상황이 반드시 지금과는 달라야 한다고 스스로 믿음	당신은 친구와 사이가 멀어져 속상하지만, 자기 자신에게 "이렇게 슬퍼해서는 안 돼. 지금쯤이면 다 극복했어야 해"라고 말한다.

명명하기 (labeling)	자기가 취한 한 가지 행동에 대해 이 행동이 자기나 다른 사람에게 모두 통용되는 의미를 지녔다고 해석함	유난히 피곤한 하루를 보낸 당신은 아이에게 짜증을 내고는 스스로가 나쁜 부모라고 생각한다.
개인화 (personalization)	자기와 관련되지 않은 일이라도 자기와 관련되어 있다고 여김	당신의 배우자는 (직장에서 벌어진 일 때문에) 기분이 좋지 않지만, 당신은 당신이 뭔가 잘못했기 때문이라고 생각한다.
파국화 (catastrophizing)	안 좋은 일이 생기면 곧바로 최악의 시나리오를 생각함	당신은 이웃에게 한 말이 후회된다. 이웃이 당신과 절연하고 다른 이웃들에게도 당신과 더 이상 말을 섞지 말라고 할 것만 같다.

이 가운데 어떤 인지적 오류가 당신과 가장 관련이 있나요? 최근에 이러한 생각을 해본 적이 있나요? 우리 모두는 종종 이러한 오류를 경험하곤 합니다. 이렇게 반응하는 것도 인간으로서 겪는 일부이니까요. 이러한 생각이 나타난다고 해서 당신이 일부러 그러는 것은 아니며, 자기 자신을 비난할 필요도 없습니다. 실제로 벡(Beck, 1979)은 이를 '자동적 사고'라고 명명했습니다. 그래도 다행인 것은 당신이 이러한 자동적 사고를 식별할 수 있다면 마음속에서 사실이 아닌 것들을 말하고 있을 때 그것에 대응할 수 있다는 점입니다. CBT에 대해서는 나중에 더 자세히 설명하도록 하고, 지금부터는 이 책을 어떻게 하면 최대한 활용할 수 있을지 알아보겠습니다.

이 책을 활용하는 방법

이 책에서 제공하는 내용을 최대한 활용하기 위해서는 처음부터 끝까지 모든 내용을 빼놓지 말고 읽어 보는 것을 추천합니다. 이 책의 순서는 자살을 생각하는 사람들을 치료했던 제 경험을 바탕으로 기획한 것입니다. 여기에는 이 책을 읽는 다양한 사람들의 필요를 충족시킬 수 있는 여러 가지 활동이 포함되어 있습니다. 여기에 실린 모든 활동을 적어도 몇 번씩은 직접 해 볼 것을 추천합니다. 모두 시도해 본 뒤에는 아마 그 가운데 가장 삶에 도움이 된다고 느끼는 몇 가지 활동에 집중하고 싶어질 것입니다. 대처 전략으로 한두 가지만 준비하기보다는 여러 가지를 준비해 두는 것이 좋습니다. 그 가운데 몇 가지는 반복해서 사용할 경우 효과가 없어질 수 있기 때문입니다. 제가 치료를 진행하면서 가장 흔하게 접하는 실수는 어떤 전략을 딱 한 번 해 본 뒤에 효과가 없다고 판단하고 포기해 버리는 것입니다. 선택한 전략이 즉각 효과를 보이지 않는다면 그만둬야 겠다는 생각이 드는 것도 당연합니다. 그러나 정신건강을 돌보는 일은 사실 신체 건강을 돌보는 일과 매우 유사합니다. 더 영양가 있는 음식을 먹고, 더 많이 자고, 규칙적인 운동을 하기 시작하면 단기간에 효과가 나타나지는 않지만 시간이 지나면서 건강한 행동이 습관이 되어 점차 뛰어난 효과를 볼 수 있는 것과 같습니다.

이 책은 혼자서 채워 나갈 수도 있고, 치료사 또는 신뢰하는 누군가와 함께 채워 나갈 수도 있습니다. 사람들은 각자의 경제적인 상황, 지역사회 이용 가능 여부, 그 밖의 상황에 따라 정신건강 서비스에 접근할 수 있는 수준이 다릅니다. 앞에서 언급했듯이 제가 이 책을 쓴 가장 큰 이유는 치료를 받으려고 시도하다가 장애물에 부딪힌 사람들에게 정보를 제공하기 위함이었습니다. 그렇지만 치료사의 도움 없이는 이러한 문제를 해결하는 것이 더 어려울 수 있다는 것을 명심해야 합니다. 막막하게 느껴질 때는 누군가에게 도움을 구하고 싶어질 것입니다.

변화에 대비하기

이제 이 책에서 무엇을 얻을 수 있는지 알게 되었으니, 변화에 대비하는 것에 집중해 봅시다. 인생에서 밑바닥을 찍었을 때, 고난을 헤쳐나가며 작업하게 될 것이라는 생각만으로도 무척 부담스럽게 느껴질 수 있습니다. 이러한 이유로 저는 보통 사람들에게 변하고 싶은 이유를 찾아보라고 말하면서 치료를 시작합니다(Miller, Rollnick, 2013; Britton et al., 2011). 지금 당장 얼마나 변하고 싶나요? 왜 변하고 싶나요? 다음의 활동지에서 함께 생각해 봅시다. 활동지를 모두 채운다면 정신건강을 증진하기 위해 왜 이렇게 노력하고 있는지 스스로 떠올려야 할 때마다 이 활동지로 돌아와서 그 이유를 확인할 수 있습니다.

아래에서 변하고 싶은 이유를 선택하고, 당신만이 가진 이유가 있다면 자유롭게 적어 보세요. 나중에 변화에 대한 욕구가 약해지기 시작할 때, 이 목록을 다시 살펴볼 수 있습니다. 어떤 사람은 이 목록을 필요할 때 쉽게 볼 수 있도록 눈에 띄는 곳(예: 냉장고, 침실 벽, 욕실 거울)에 두거나 휴대폰으로 사진을 찍어 두는 것이 도움이 된다고 말합니다.[3]

---

3 뉴하빈저 출판사 웹사이트(www.newharbinger.com/47025)에서 이 목록(영문판)을 내려받을 수 있습니다.

내가 변하고 싶은 이유

☐ 기분이 더 나아지길 원한다.

☐ 덜 고통스럽게 살기를 원한다.

☐ 사랑하는 사람들과 더 많은 것을 함께 하고 싶다.

☐ 자살 생각에 더 건강하게 대처하는 방법을 배우고 싶다.

☐ 내 감정을 탐색하고 표현할 수 있는 더 많은 방법을 알고 싶다.

☐ 스트레스 요인을 다루는 새로운 전략을 배우고 싶다.

☐ 무력감을 느끼고 싶지 않다.

☐ 삶에서 더 많은 통제력을 느끼고 싶다.

☐ 희망을 느끼고 싶다.

☐ 더 의미 있는 삶을 살고 싶다.

☐ 삶을 더 즐기고 싶다.

☐ 나에게 더 친절해지고 싶다.

☐ 나를 더 잘 수용하고 싶다.

☐ 내 감정을 좀 더 편안하게 느끼고 싶다.

☐ 내 아이들(또는 배우자, 친구, 가족 등)과 함께 머물고 싶다.

☐ 안전하다고 느끼고 싶다.

☐ 다른 사람들에게 더 솔직해지고 싶다.

☐ 내 정신건강 문제가 목표를 이루는 데 방해가 되지 않았으면 좋겠다.

☐ _____

☐ _____

☐ _____

사람들은 자신감이 부족할 때 변화하고자 하는 동기가 약해질 수 있습니다. 당신은 변화할 수 있는 능력에 대해 스스로 어느 정도까지 확신할 수 있나요? 다음에서는 자기 자신에 대한 믿음과 변화할 수 있는 능력을 증진하기 위해 고안된 문장 목록을 제시하고 있습니다.

자신감 끌어올리기

당신에게 해당하는 문장 옆에 모두 체크를 하고 자유롭게 당신만의 문장을 추가해 보세요. 예시를 떠올리기 어렵다면 치료사나 소중한 사람들에게 도움을 요청할 수 있습니다. 또한 친구 입장이 되어 자신에 대해 생각해 보는 방법도 있습니다. 만약 당신이 스스로의 친구가 된다면, 당신에게서 어떤 긍정적인 자질을 확인할 수 있을까요? 당신은 자신감이 떨어질 때마다 이 목록을 다시 살펴볼 수 있습니다.

☐ 나는 친절하다.
☐ 나는 사려 깊다.
☐ 나는 웃긴 사람이다.
☐ 나는 창의적이다.
☐ 나는 문제해결을 잘한다.
☐ 나는 인정이 많다.
☐ 나는 영적이다.
☐ 나는 통찰력이 있다.
☐ 나는 열심히 일한다.
☐ 나는 다른 사람의 말을 잘 경청한다.
☐ 나는 믿음직스럽다.
☐ 나는 용감하다.
☐ 나는 참을성이 있다.
☐ 나는 감사함을 잘 느낀다.
☐ 나는 같이 있으면 재미있다.
☐ 나는 사람들을 공정하게 대한다.

- ☐ 나는 관대하다.
- ☐ 나는 더 나은 삶을 만들기 위해 작은 한 걸음부터 내디딜 수 있다. 모든 것을 한 번에 바꿀 필요는 없다.
- ☐ 자살 생각을 한 경험이 있는 다른 사람들은 자기가 변할 수 없을 것이라고 생각했지만, 결국 변화했다. 그들이 할 수 있었다면 나 또한 할 수 있다.
- ☐ 압도당하거나 되돌아가는 것처럼 느껴지더라도 괜찮다. 이는 정상적인 과정이다. 나는 다시 도전할 수 있다.
- ☐ 나는 이전에도 힘든 시간을 이겨 낸 적이 있다. (예시를 적어 보세요.)

_____

- ☐ 나는 이 일을 견뎌 내기 위해 도와줄 사람이 있다. (예시를 적어 보세요.)

_____

- ☐ 나는 이전에도 변화를 이루어 낸 적이 있다. (예시를 적어 보세요.)

_____

- ☐ 나는 스스로를 도울 수 있는 긍정적인 자질을 가지고 있다. (예시를 적어 보세요.)

_____

- ☐ 나는 새로운 기술을 배울 수 있다. (예시를 적어 보세요.)

_____

언제 전문가의 도움을 받아야 할까?

자살을 생각하는 사람들 대부분은 자살을 실행에 옮기지 않습니다. 자살 생각을 한다고 해서 그 자체만으로 자살을 시도할 위험이 높다는 것을 의미하지는 않습니다. 하지만 당신이 하는 생각이 위험한 수준이고, 이러한 생각이 당신을 자살로 몰고 갈지도 모른다는 신호를 미리 인식하는 것은 매우 유용한 일입니다(Chu et al., 2015). 매우 위험한 상태에 있을 때 도움을 청하기 어렵다면 사랑하는 사람과 경고 신호의 목록을 공유해 두는 것이 도움이 될 수 있습니다(아래 목록과 부록 A를 참고하세요). 그렇게 한다면 주변 사람들이 이러한 신호를 알아차렸을 때 추가적인 지원을 제공하고 당신이 괜찮은지 확인할 수 있도록 특별한 노력을 기울이게 유도할 수 있기 때문입니다. 이러한 방법은 또한 경고 신호를 스스로 알아채고 도움을 직접 청해야 한다는 부담감을 어느 정도 덜어 줍니다.

아래에 나열된 경고 신호 중 하나라도 나타난다면 즉시 도움을 청해야 합니다. 위기 핫라인, 모바일 정신건강 서비스, 치료사, 의료 전문가, 그 밖의 응급 진료 서비스에 문의하면 도움을 받을 수 있습니다. 또한 당신을 지지해 주는 사람들 가운데 위기가 지나갈 때까지 함께 있어 줄 친구나 친척이 있는지, 응급실에 가려고 했을 때 응급실에 데려다줄 사람이 있는지도 알아볼 수 있습니다. 당신은 도움을 받을 자격이 있습니다. 당신은 사랑받고 있고, 누군가와 함께 소속되어 있습니다. 당신이 안전하게 지내고 위기를 견뎌낼 수 있도록 많은 응원을 받기를 바랍니다.

경고 신호

- 언제, 어떻게 자살할 것인가에 대한 구체적인 계획
- 자살 계획을 실행으로 옮기고자 하는 의도
- 자살에 사용할 무언가를 마련하거나 마련할 계획을 세움(예: 총, 과다복용할 약물)
- 높은 수준의 불안
- 정도가 심해진 수면장애(예: 악몽, 불면증)
- 체중을 감량하려는 의도 없이 상당한 체중이 감소함
- 타인으로부터 자신을 고립시킴

- 타인과 관계를 끊음
- 자살 충동을 통제하지 못할 것 같은 기분
- 기본적인 자기 관리, 위생 및 안진(예: 먹기, 씻기, 양치하기, 건강 상의 이유로 처방받은 약 먹기)을 소홀히 함

감사의 말씀

당신이 고통 속에 있고 삶을 끝내고 싶다면 정신건강을 돌봐야 할 가장 힘들지만 가장 필요한 어느 한 순간에 있는 것입니다. 변화는 어렵고 시간이 걸립니다. 인내심을 가지길 바랍니다. 진심으로 당신이 저와 함께 버텨줘서 고맙다고 말하고 싶습니다. 당신은 소중합니다. 당신의 인생은 중요하며, 저는 과학적인 지식, 임상적 경험, 자살 위기에 직면해 온 사람들의 이야기를 통해 당신이 길을 찾을 수 있도록 돕고 싶습니다.

- 자살 생각은 정서적 고통으로 인해 발생합니다. 이는 당신의 잘못이 아닙니다. 자살 생각은 당신이 나약하거나 결함이 있는 사람이라는 것을 의미하지 않습니다.
- 이 책은 당신이 자살 생각에 효과적으로 대처할 수 있도록 3ST 틀과 CBT 기술을 사용할 것입니다.
- 앞에서 언급된 경고 신호가 나타난다면 즉시 추가적인 도움을 구해야 합니다.

돌아보며

이 장을 읽고 활동을 하면서 어떤 생각, 아이디어, 느낌이 떠올랐나요? 당신과 관련이 없다고 느낀 부분이 있었나요? 당신과 가장 관련이 있다고 느낀 부분은 어디였나요? 어떤 것을 배웠나요? 이 책을 읽으면서 일기를 쓰는 것을 추천합니다. 일기를 쓰면서 기억하고 싶은 생각을 적고 아이디어를 정리하며 느낌을 표현할 수 있을 것입니다.

2장

자살 생각 이해하기

지금까지 이 책에 대해 대략적으로 살펴보았으니, 이제 당신이 하는 자살 생각, 그리고 환경이 자살 생각에 어떠한 영향을 미치는지를 이해하는데 초점을 둡시다. 다양한 종류의 자살 생각과 자살 행동에 대해, 그리고 이것들이 얼마나 흔하게 발생하는지에 대해 설명하면서 시작하겠습니다. 그후에는 당신의 개인적인 이야기를 돌아볼 것입니다. 주위의 누군가로부터 자살 충동을 느끼고 있다는 말을 들었을 때 사람들은 대부분 왜 자살 충동을 느끼게 되었는지 그 원인과 과정을 차분히 묻기도 전에 그가 곧바로 안전한 상태가 되기를 바라면서 충고하기 시작합니다. 좋은 뜻으로 하는 말이더라도 기분이 나쁘죠. 그런 일이 당신에게 일어난 적이 있나요? 만약 있다면, 그런 경험을 했다는 것에 매우 유감을 표합니다. 당신의 지난 여정은 중요하므로 이번 장에서는 이를 함께 탐색하는 시간을 갖도록 하겠습니다.

자살 생각을 이해하게 된다면 이 책에 실린 활동을 당신의 삶에 효과적으로 적용하는 데에도 도움이 될 것입니다. 자살 생각을 탐색하는 이 과정에서, 저는 자살 생각이 특정한 스트레스 사건이나 복합적인 요인들로 인해 발생할 수 있다는 점을 말하고 싶습니다. 어떨 때는 자살 생각이 갑자기 떠오르는 것처럼 느껴지기도 합니다. 정신적 고통의 근본적인 원인을 정확히 파악하기 어려우면 불안이나 좌절감이 솟아날 수 있습니다. 만약 당신이 그런 경우라면 그래도 괜찮다는 것을 알아 두길 바랍니다. 그냥 생각나는 대로 적어본다면 이는 도움이 될 것입니다. 새로운 통찰력을 가지게 된다면 당신은 언제든 활동을 다시 해 볼 수 있습니다.

만약 당신이 이러한 활동을 할 때 글쓰기 대신에 자기 자신을 표현할 수 있는 예술(예: 그리기, 칠하기, 콜라주) 혹은 다른 종류의 창의적인 방법을 사용하는 것을 선호한다면 자유롭게 다른 방법을 사용하세요. 때때로 사람들은 언어 대신 예술을 통해 감정을 표현하는 것에서 자유로움을 느낍니다. 활동을 하는 데 잘못된 방법은 없습니다. 저는 당신의 시도 자체를 높이 삽니다. 당신은 할 수 있습니다!

자살 생각과 자살 행동의 유형

이 장에서는 자살 생각과 자살 행동에 대해 자살 사고, 비자살적 자해, 자살 시도라는 세 가지 유형으로 나누어 논의할 것입니다.

자살 사고(Suicidal ideation)[1]는 죽음을 갈망하며 인생의 끝에 대해 생

---

1   이 책에서는 주로 '자살 생각(Suicidal thoughts)'이라고 지칭할 것입니다.

각하는 것을 의미합니다. 자살 생각은 다양한 방식으로 경험할 수 있습니다. 어떤 사람은 자살 생각을 자주 하는 반면(예: 매일, 하루에 여러 번), 어떤 사람은 덜 합니다(예: 몇 년에 한 번, 극심한 정신적 고통을 경험할 때만). 또한 자살 생각은 몇 초 또는 몇 분 동안 지속되는 일시적인 생각에서 몇 시간, 며칠 또는 더 오래 지속되는 더 강렬하고 지속적인 생각까지 다양합니다.

치료자들은 종종 수동적인 자살 생각(예: '만약 내가 생명에 위협을 받는 상황에 있다면 나는 살아남기 위해 애쓰지 않을 것이다' 또는 '운이 나쁘게 교통사고가 나더라도 상관없고 잠이 들어 다시는 일어나지 못해도 상관없다')과 적극적인 자살 생각(예: '나는 기회만 되면 자살할 것이다' 또는 '인생을 끝내고 싶다')의 차이에 주목합니다. 수동적인 자살 생각은 자기 자신을 스스로 죽이려는 의도나 계획 없이 죽고자 하는 바람을 반영하는 경향이 있는 반면에 적극적인 자살 생각은 자기 자신을 스스로 죽이려는 일정 수준의 계획이나 의도를 포함합니다.

수동적인 자살 생각은 절대 적극적인 자살 생각으로 변하지 않으면서 오랜 기간 지속될 수 있습니다. 하지만 정신적 고통의 수준과 상황에 따라 수동적인 자살 생각과 적극적인 자살 생각이 서로 전환될 수 있습니다. 사람들은 갖가지 다른 방식으로 자살 생각을 경험합니다. 당신은 자살 생각을 얼마나 자주 경험하나요? 당신의 자살 생각은 수동적인가요, 적극적인가요, 아니면 둘 다인가요? 자살 생각을 경험할 때 어떤 패턴을 보이는지 알아차렸나요(예: 스트레스를 많이 받을 때, 수면 부족을 경험한 이후에, 월경 주기 중 특정 시기에; Owens & Eisenlohr-Moul, 2018)? 일기 같은 곳에 이러한 패턴을 기록해서 살펴보면 자기 자신과 자기의 취약한 시기를 더 잘 이해하는 데 도움이 됩니다.

때로는 죽고 싶지 않더라도 자살에 대한 이미지, 충동 또는 자살 생각이 사람들의 마음에 떠오릅니다. 한 연구(Hames et al., 2012)에서 대학생 431명에게 높은 곳에서 뛰어내리는 상상을 해 본 적이 있는지 물었을 때 절반가량의 응답자들이 살면서 적어도 한 번쯤은 상상해 본 적이 있다고 답했습니다. 살면서 언젠가 자살을 고려해 본 사람(74%)이 그렇지 않은 사람(43%)보다 이러한 경험을 더 흔하게 하였지만, 자살을 전혀 생각하지 않은 사람들도 높은 곳에서 떨어지는 것을 상상했다고 보고했습니다. 왜 이런 생각들이 우리 마음속에 떠오를까요? 확신할 수는 없지만, 과학자 가운데 몇몇은 우리의 뇌가 한 발짝 물러서서 안전하게 있으라고 경고하려는 것이라고 생각합니다(Hames et al., 2012).

자살 충동을 느끼지 않는 대부분의 사람들에게 이러한 생각은 마음속에 불쑥 떠올랐다가 다시 사라집니다. 그러나 강박장애(Obsessive-Compulsive Disorder: OCD)를 가진 일부 사람들은 원하지 않는데도 끊임없이 자해에 대한 생각을 합니다(예: 마주 오는 차량으로 돌진하는 상상). 이러한 생각을 '침투적 사고' 또는 '강박사고'라고 부릅니다. 이런 생각들은 정신적 고통을 일으키고, 이는 종종 정신적 고통을 줄이기 위한 반복적인 행동(강박행동)으로 이어집니다(예: 칼, 약, 높은 곳, 운전 피하기). 이 책은 이러한 유형의 생각들에 초점을 맞추지는 않습니다. 만약 이러한 경험을 하고 있다면, 자해 생각을 일으키는 강박장애 극복에 관한 자료(Hershfield, 2018)가 실린 부록 B를 참고하여 전문가의 도움을 받으시길 바랍니다.

비자살적 자해(Nonsuicidal self-injury)는 자살 의도 없이 의도적으로 신체조직에 해를 가하는 것입니다(예: 베기, 화상 입히기). 비자살적 자해를 하는 사람들은 흔히 자살 생각을 경험하기 때문에, 이에 대해서도 일부 알아볼 것입니다. 그러나 비자살적 자해에 대해서는 치료사를 찾거나 이를 집중적으로 다루는 책을 통해 더 종합적인 도움을 받는 편이 좋습니다(부록 B의 Gratz & Chapman, 2009를 참고하세요).

자살 시도(Suicide attempt)는 약간의 자살 의도를 가진, 잠재적으로 치명적이지 않은 자해행동을 포함합니다. 이 용어는 의학적으로 매우 위험한 자살 시도에서 덜 위험한 자살 시도까지, 그리고 낮은 수준의 자살 의도에서 높은 수준의 자살 의도까지의 범위를 모두 포함하는 광범위한 개념입니다.

지금까지 다양한 유형의 자살 생각과 행동을 알아보았으므로, 이제 당신의 개인적인 경험을 돌아봅시다.

내 이야기

이 활동에서는 어떤 상황이 그 생각이나 행동을 촉발했는지, 그리고 당신이 거기에 어떻게 대처했는지 물을 것입니다. 정확하게 적기 어렵더라도 괜찮습니다. 빈칸에 잘 모르겠다고 적어도 됩니다. 당신의 기분과 지난 경험을 다루면서 자기 자신에게 너그러워지시기를 바랍니다.

1. 자살 생각을 처음 했을 때는 몇 살이었나요?
무엇이 자살 생각을 불러일으켰나요?

_____

_____

_____

_____

_____

_____

2. 가장 최근에 자살 생각을 했을 때는 몇 살이었나요?

무엇이 자살 생각을 불러일으켰나요?

_____

_____

_____

_____

_____

3. 과거에 자살 생각에 어떻게 대처했나요?

_____

_____

_____

_____

_____

4. 자살 시도를 한 적이 있나요?   없음 / 한 번 / 여러 번

만약 자살 시도를 한 적이 있다면, 그때 당신은 몇 살이었나요? 무엇이 자살 시도를 불러일으켰나요?

_____

_____

_____

자살 시도 이후에 어떤 일이 발생했나요?

_____

_____

_____

그 이후에 어떤 느낌이었나요? 지금은 그것에 대해 어떻게 느끼나요?

_____

_____

_____

자살 생각에 대한 느낌

때때로 자살 생각에 대한 비판적인 반응은 자신의 마음에서부터 시작되며, 이러한 반응은 자살 생각을 극복하기 위한 당신의 능력을 방해하는 수치심과 회피로 이어집니다. 이 책을 채워 나가면서 당신이 느끼는 수치심을 인지하고 대응할 수 있도록, 이러한 반응을 확인해 보는 시간을 갖겠

습니다. 아래의 상황을 생각해 봅시다.

소니아는 직장에서 해고된 이후 새로운 직업을 찾으려 고군분투했다. 더는 의료보험 혜택을 받을 수 없어 치료비를 감당할 만한 치료사를 3개월 동안 찾지 못했다. 어머니는 다시 집으로 돌아와도 된다고 말했지만, 서른이 넘은 나이에 집으로 돌아가는 것이 창피했다. 소니아는 생애 처음으로 자살에 대해 생각하기 시작했다. 그녀는 자살 생각이 '미쳐감'을 의미한다고 생각하여 두려움을 느꼈다. 소니아는 자신보다 더 힘든 사람도 많으니 지금의 상황에도 감사해야 한다고 자신을 타일렀다. 그러나 이러한 생각들은 더 걷잡을 수 없어졌고 죄책감이 들게 했다.

칼은 가정에서 정서적으로 학대받았고 그곳에서 갇힌 기분을 느끼며 자랐다. 어릴 때 자살을 생각하면 갇힌 듯한 느낌이 줄어든다는 것을 배웠다. 비록 칼은 자살 행동을 한 적이 한 번도 없었고 결코 그럴 생각도 없었지만, 가끔 스트레스를 받을 때 자신의 죽음을 상상하는 행위를 하던 시절의 나로 되돌아간다는 것을 발견했다. 그럴 때 칼은 안도감과 수치심을 동시에 느꼈다. 칼은 친구에게 자신의 자살 생각에 대해 이야기했다. 친구는 충격을 받았고, 칼은 자신이 자살 생각을 하는 것에 익숙해져서 무감각해졌다는 것을 깨달았다.

이제 당신의 자살 생각과 자살 행동에 대한 당신의 반응을 다루어 봅시다. 사람들은 자기의 자살 생각에 대한 반응으로 다양한 생각과 감정을 경험합니다. 당신의 감정이 어떻든 그렇게 느껴도 괜찮습니다.

내 자살 생각에 대한 내 반응

이번 활동지에는 아래와 같이 당신이 참고할 수 있는 예시가 제시되어 있습니다.

생각: 다른 사람들은 스트레스를 잘 다스린다. 나는 모자란 게 분명하다.

이러한 생각에 대해 어떤 느낌을 받았나요?

수치스럽다. 나는 무너지지 않고 스트레스를 잘 처리할 수 있어야 한다.
다른 이들은 더 힘든 삶을 살면서도 이런 스트레스를 잘 처리한다. 나는
게으르거나 나약하거나 그냥 모자란 게 분명하다. 내가 자살에 대해
생각하고 있다는 걸 아무도 모르기를 바랐다. 누군가 내 기분을 물을 때마다
항상 "좋아요" 아니면 "괜찮아요"라고 말했다. 그들 중 한 명이라도 내
속마음을 알아줬으면 좋았을 것이다. 숨고 싶었지만 동시에 누군가 나를
도와주길 바랐다. 고통스러운 감정이 뒤섞여 있었다.

생각: _____

_____

이러한 생각에 대해 어떤 느낌을 받았나요?

_____

_____

_____

_____

_____

생각: _____

_____

이러한 생각에 대해 어떤 느낌을 받았나요?

_____

_____

_____

_____

_____

생각: _____

_____

이러한 생각에 대해 어떤 느낌을 받았나요?

_____

_____

_____

_____

_____

내 자살 생각에 대한 다른 사람의 반응

자살 생각에 대한 당신의 반응은 다른 사람들의 반응에 영향을 받을 수 있습니다. 바라건대, 당신의 자살 사고에 대해 다른 이들이 지지, 사랑, 친절로 반응하는 긍정적인 경험을 했길 바랍니다. 어떤 사람들은 상처 입은 사람을 어떻게 도와야 하는지 알아내는 데 뛰어납니다. 반면 어떤 이들은 당신의 관점을 먼저 이해하려고 노력하지 않고 바로 문제를 해결하려는 단계로 넘어가거나, 당신의 고통을 무시하거나, 긴급서비스에 연락하려 할 수 있습니다.

당신이 다른 사람들과 했던 경험을 생각해 봅시다. 먼저 로건의 이야기로 시작한 다음 로건의 활동지를 예시로 살펴보겠습니다.

로건은 양극성 장애를 앓고 있는데, 조울증 증세가 있어 뜻하지 않게 입원하게 되었다. 퇴원 후에는 약을 계속 복용했고 치료를 받으러 다녔으며, 다시는 병원에 입원하지 않겠다고 스스로 다짐했다. 처음에는 기분이 좋았지만, 가족에게 자기가 행복하게 잘 생활하고 있다는 것을 증명해야 한다는 부담감에 점점 지쳐가기 시작했다. 로건은 부담을 덜어내기 위해 자기 마음이 자살에 대한 환상으로 빠져드는 것을 발견하였다. 그러자 로건은 자살을 하나의 선택지로 생각한 것에 수치심을 느꼈다. 로건은 자기가 자라면서 배운 대로, 하나님이 자신을 고통에서 꺼내줄 거라고 믿지 않는 것이 죄를 짓고 있는 것이라고 생각했다.

내 자살 생각에 대한 다른 사람들의 반응(로건의 예시)

다른 사람: 할아버지

반응: "만약 네가 하나님에 대한 믿음이 충분히 강하다면, 그런 힘든 생각을 더는 하지 않을 거야. 예수님을 믿고 기도해야 해. 나는 왜 네가 그런 약이 필요한지 잘 모르겠구나. 내가 힘들었을 땐 전혀 약을 먹지 않았어."

반응을 듣고 어떤 기분이 들었나요? 할아버지께 말씀드린 걸 후회했다. 병원에서의 자가회복 계획 중에는 가족들과 함께 내 감정을 나누는 게 있었다. 한편으로는 할

아버지가 정신질환에 대해 제대로 이해하지 못하는 것일 뿐이라고 생각한다. 할아버지는 나와 다른 세대이기 때문에 잘 알지 못한다. 하지만 내 안의 다른 부분은 할아버지를 실망시킨 것에 대해 끔찍하다고 느낀다. 할아버지를 걱정시키고 싶지도 않고 내 믿음이 충분히 강하지 않다고 생각하시게 하고 싶지도 않다.

다른 사람: 여동생

반응: "우리가 자라면서 우리의 감정에 대해 이야기하면 안 되는 것은 알지만, 나도 그런 생각을 가지고 있었어. 아무래도 집안 내력인 것 같아. 할머니는 양극성 장애라든가 그런 걸 앓았을 수도 있어. 그때는 다들 그런 걸 잘 몰랐으니까 그냥 할머니가 '미쳤다'고 말했던 거지."

반응을 듣고 어떤 기분이 들었나요? 동생과 이야기를 나누었더니 덜 외로운 기분이 들었다. 동생을 진심으로 존경한다. 동생도 자살 생각을 겪었다는 얘기를 들으니, 이러한 생각이 단지 나쁘거나 약한 사람들에게만 일어나는 일이 아니라는 것을 확신할 수 있었다. 동생은 내가 아는 가장 강한 사람 중 하나니까 말이다. 동생이 할머니에 대해 한 말이 흥미롭다고 생각했다. 양극성 장애가 사람들에게 어떤 영향을 미치는지, 그들이 통제할 수 없는 것이 무엇인지에 대한 오해가 여전히 남아 있다고 생각하니 슬펐다. 내 노력이 진짜라고 인정받은 기분이 들었고, 내가 행복한 표정을 지어야 한다는 압박감을 느꼈다는 것에 대해 약간의 슬픔을 느꼈던 것 같다.

이제 당신의 경험을 담은 활동지를 작성해 보세요.

내 자살 생각에 대한 다른 사람들의 반응

다른 사람: _____

반응: _____

_____

_____

_____

반응을 듣고 어떤 기분이 들었나요?

_____

_____

_____

다른 사람: _____

반응: _____

_____

_____

_____

반응을 듣고 어떤 기분이 들었나요?

_____

_____

_____

　　자살 생각 및 행동에 대한 과거의 경험을 다루고서 성취감을 느꼈기를 바랍니다. 이제부터는 당신의 과거가 어떻든 간에 당신만이 고군분투하고 있는 것이 아니며, 당신이 하는 자살 생각이 당신 때문인 것도 아니라는 것을 보여 드리려 합니다. 문화와 그 밖의 요인들이 자살과 어떤 연관이 있는지도 살펴볼 것입니다. 그런 뒤에 일반화와 통계로 넘어가 이러한 요인들이 당신에게 구체적으로 어떠한 영향을 미쳤는지 질문할 것입니다. 이러한 통찰력을 키운다면 자살 생각이 일어날 때 혼란과 자기 비판 대신에 관심과 수용으로 반응할 수 있게 될 것입니다.

내 자살 생각과 자살 행동은 얼마나 흔할까?

전 세계적으로 매년 약 80만 명의 사람들이 자살로 목숨을 잃습니다(World Health Organization, 2019). 자살은 2018년 미국 성인의 사망 원인 중 열 번째로 높은 사망 원인이었으며, 비극적이게도 이러한 방식으로 약 48,344명이 사망했습니다. 이는 인구 10만 명당 14.8명이 자살로 사망함을 의미합니다(Draffeau & McIntosh, 2020). 자살 시도는 그보다도 훨씬 더 많습니다. 연구자들은 자살로 죽음에 이르기까지 20~30번 정도의 자살 시도가 있었을 것이라고 말합니다(Han et al., 2016). 자살을 시도하는 사람들 대부분이 자살로 죽는 것은 아니지만, 많은 사람이 그러한 생각들과 싸우고 있습니다(Owens et al., 2002). 이러한 수치들은 많은 사람이 상처를 받고 있으며, 우리 중 많은 이들이 자살로 사랑하는 사람을 잃었다는 것을 의미합니다. 미국의 전체 인구 중 약 절반이 자살로 죽은 사람과 알고 지내는 사이였으며(Cerel et al., 2018), 이로 인해 많은 사람이 깊은 슬픔에 빠졌습니다.

자살이 정말로 이렇게 많은 사람에게 영향을 미친다면, 어째서 당신의 경험이 그토록 당신을 외롭게 만드는 것일까요? 최근 몇 년 동안 유명인들을 비롯해 여러 사람이 자살 생각으로 인한 자신의 어려움을 공개적으로 드러냈습니다. 소셜 미디어를 통해 사람들은 정신건강과 관련한 경험들을 더 쉽게 나눌 수 있게 되었습니다. 대중들의 이해도가 높아지면서 낙인이 이전보다 줄어들고 더 공개적인 논의가 이루어지기 시작했습니다 (예: Smith et al., 2010). 하지만 자살에 관한 몇 가지 편견은 아직도 남아 있습니다. 어떤 사람들은 자살 생각이 결함(예: 나약함)의 증거라고 잘못 생각합니다(Sand et al., 2013). 이러한 편견이 당신이 하는 자살 생각에 당신의 책임이 있다고 생각하게 만듭니다. 어쩌면 이것이 당신이 여지껏 자살 생각을 가지고 있다는 것을 숨겨 온 이유일지도 모릅니다. 하지만 당신이 꼭 알아야 할 것은 다른 사람들도 똑같다는 것입니다. 이것은 인생에서 얼마나 많은 사람이 어려움을 겪고 있는지 당신이 진정으로 모른다는 뜻이기도 합니다. 비록 당신은 몰랐겠지만, 당신이 아는 사람들도 틀림없이 정신건강으로 어려움을 겪었을 것입니다. 당신과 같은 경험을 당신만 겪은 것이 아닙니다. 그리고 더 많은 사람이 남의 판단에 대한 두려움 없이 자신의 투쟁을 공유할 수 있는 미래가 올 거라는 희망적인 근거들이 있습니다.

어떤 사람이 자살 생각과 자살 행동에 영향을 받을까?

정신건강의 역할

정신질환을 가지고 있는 사람 중 대다수는 자살을 시도하지 않지만, 녹과 동료들(Nock et al., 2009)은 자살을 시도한 미국인의 약 80%가 자살 시도를 하기 전부터 정신질환 병력이 있었다는 것을 발견했습니다. 한편

질병통제예방센터(Center for Disease Control and Prevention; CDC)의 최근 연구에서는 자살로 사망한 미국인의 54%가 정신질환이 없는 것으로 나타났습니다(Stone et al., 2018). CDC는 또한 표면적으로 드러난 정신질환 유무와 관계없이 자살로 사망한 사람들이 죽기 전에 스트레스 요인이나 위기(예: 대인관계 문제, 법적 문제, 퇴거)를 경험했을 가능성이 높다고 보고했습니다. 정신질환은 자살 생각과 자살 행동이 일어날 가능성과 높은 연관이 있지만, 다른 요인(예: 외로움)과 함께 고려되지 않는 한 일반적으로 자살의 강력한 예측 변수가 아닙니다(Stickley & Koyanagi, 2016).

연구자들은 약물남용 문제, 신경성 식욕부진증, 우울, 경계선 성격장애, 양극성 장애를 가진 사람들의 자살 위험이 더 높다는 사실을 발견했습니다(Chesney et al., 2014). 또한 마약성 진통제 오용과 자살 생각 및 자살 행동은 관련성이 있으며(Ashrafioun et al., 2017), 일부 사람들은 마약성 진통제 과다복용으로 인한 사망 사례 중 몇 건이 사실 자살이었다고 주장합니다(Oquendo & Volkow, 2018). 정신질환만으로는 자살을 완벽하게 설명하지 못하기 때문에 자살을 충분히 이해하기 위해서는 더 포괄적인 탐색이 필요합니다. 다음 장에서는 정신질환이 어떤 식으로 당신이 살아 온 인생의 다른 부분과 엮여서 자살 생각으로 이어질 수 있는지 살펴볼 것입니다. 특정 정신질환에 알맞게 구성된 추가 자료를 보고 싶다면 부록 B를 참고하길 바라며, 정신질환을 겪고 있으면서 아직 치료를 받지 않았다면 전문가의 도움을 받기를 권합니다.

환경의 역할

저는 다양한 환경과 사회적 상황으로 인해 정신건강이 악화된 내담자들과 함께 작업해왔습니다. 정서를 표현하는 것이 곧 약점을 드러내는 일이라고 생각하는 남성들, 그리고 과민반응을 한다며 고통을 묵살당하는 여성들과 함께 말입니다. 또한 동성애자나 트랜스젠더라는 이유로 가족들에게 거부당한 사람들, 새로운 나라에 적응하는 동안 차별을 경험한 이민자들과도 작업했습니다. 가족, 지역사회, 우리를 둘러싼 문화는 우리의 자존감과 대처 반응, 그리고 필요할 때 지원책에 접근하는 것에 영향을 미칩니다. 이러한 환경적 요인은 집단 간 자살 위험의 차이를 설명하는 전체 맥락의 일부일 수 있는데, 아래에서 더 자세히 설명할 예정입니다. 먼저, 당신의 개인적인 경험들을 생각해 봅시다.

내 정신건강에 미치는 환경적 영향

당신이 자란 지역사회에서는 정신건강을 어떻게 바라보나요? 당신이 공개적으로 말할 수 있는 것이었나요?

_____

_____

_____

_____

약물 및 치료가 정신건강 문제를 다루기 위한 적절한 방법으로 여겨졌나요? 이러한 환경이 당신에게 어떠한 영향을 주었나요?

_____

_____

_____

_____

당신이 자란 지역사회에서는 정서적 지원과 도움을 요청하는 것이 어떻게 여겨졌나요? 당신의 기분 상태를 말할 수 있도록 이끌어 주었나요, 아니면 감정을 알아서 숨기라고 지시받았나요? 당신이 도움을 요청했을 때 지지받는 느낌이었나요, 아니면 묵살당하는 느낌이었나요?

_____

_____

_____

_____

다양한 수준에서의 문화(예: 당신이 현재 살고 있는 또는 예전에 살았던 나라, 지역, 도시)는 당신의 정신건강에 어떠한 영향을 미쳤다고 생각하나요?

_____

_____

_____

_____

당신은 어떤 종류의 외부 환경이 당신의 고통과 자살 생각에 관여한다고 생각하나요?

_____

_____

_____

_____

이 활동을 통해 자신을 더 잘 이해하고, 환경이 당신에게 얼마나 영향을 미치는지 알게 되었기를 바랍니다. 당신이 이러한 주제에 대해 생각해 본다는 건 대단한 일입니다. 꽤 어려운 일일 텐데도요. 통계에 대해 더 이야기하기 전에 두 가지를 짚고 넘어가겠습니다. (1) 이것들은 추정치이며 (정확한 자살 데이터를 수집하는 것은 매우 복잡한 일입니다), (2) 개인의 배경이나 정체성에 상관없이 어떤 사람이든 자살 생각과 행동에 영향을 받을 수 있습니다. 미국 내에서 남성은 여성보다 자살로 사망할 확률이 훨씬 높은데(10만 명 중 23.4명 대 6.4명), 반면 여성은 남성보다 자살 시도를 할 가능성이 훨씬 높습니다(약 세 배 높음; Drapeau & McIntosh, 2020). 남성의 자살률이 더 높다는 이런 특징은 개개의 수치와 비율 면에서는 차이가 있지만 대부분의 국가에 걸쳐 공통적으로 나타납니다.

자살률은 또한 인종 집단별로 다른 것처럼 보입니다. 다음의 표에서 볼 수 있듯이 백인 남성은 가장 높은 자살률을 보이며 아프리카계 미국인 여성은 미국에서 자살률이 가장 낮습니다. 한편 인종 집단 간 성인들의 자살 생각과 자살 시도의 차이점에 대해서는 데이터가 많지 않습니다. 이 점은 주목할 가치가 있는데, 앞에서 남성과 여성의 차이에 대해 설명한 바와 같이 자살 시도와 자살 생각은 실제 자살로 인한 사망과는 상당히 다른 패턴으로 나타날 수 있기 때문입니다. 최근 몇 년간 아프리카계 미국인 청소년 사이에서 자살 시도가 늘어났다는 보고가 있었습니다(Lindsey et al., 2019). 그리고 백인 아동보다 아프리카계 미국인 아동이 자살로 사망할 가능성이 더 높았습니다(Bridge et al., 2018). 이러한 연구 결과는 자살 생각이나 자살 행동으로 가장 큰 고통을 받는 사람들이 누구인지를 보다 완전하게 파악하기 위해 나이 및 다른 요인들을 고려하는 것이 중요하다는 점을 강조합니다(Opara et al., 2020).

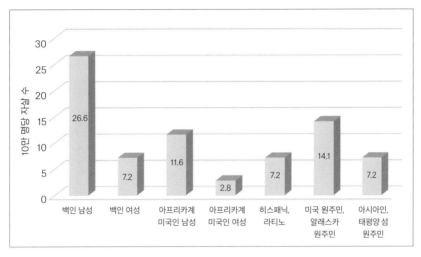

2018년 미국 자살률(집단별)

2018년에 미국에서 자살로 사망할 가능성이 가장 높은 연령대는 45~64세 중년 성인들이었습니다(Drapeau & McIntosh, 2020). 또한 연령별 집단에 걸쳐 자살 생각과 자살 행동 간 차이에 대한 정보를 수집하는 설문조사가 시행되었는데, 2016년에 이루어진 전국 설문조사에 따르면 지난 한 해 동안 미국 성인의 4%(980만 명)가 자살을 심각하게 고려한 것으로 나타났습니다. 그리고 실제로 이들 중 약 13%(130만 명)가 자살을 시도했습니다(Substance Abuse and Mental Health Services Administration, 2017). 전년도의 자살 생각과 자살 시도는 젊은 성인 연령층(18~25세)에서 많이 나타났고, 중장년층의 경우 젊은 연령층보다 자살 시도를 했을 때 사망할 가능성이 훨씬 높았습니다(Drapeau & McIntosh, 2020).

연구는 또한 LGBT, 즉 레즈비언, 게이, 양성애자, 트랜스젠더가 시스젠더 이성애자에 비해 자살 생각과 자살 시도 비율이 높다는 사실을 제시합니다(Hottes et al., 2016; Marshall et al., 2015). 이러한 불균형이 어디서부터 오는지에 대해서는 더 많은 연구가 필요하지만, 기존 문헌들은 이러

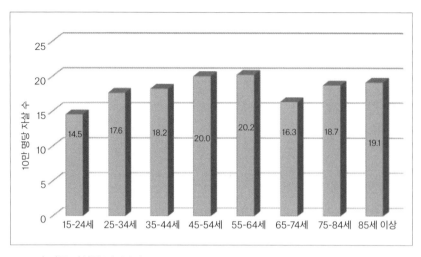

2018년 미국 자살률(연령대별)

한 차이의 원인으로 LGBT가 제도(예: 확실한 의료 서비스에 대한 접근이 어려움) 및 개인적인 수준(예: 괴롭힘을 당하는 비율이 높음) 모두에서 더 큰 차별에 직면하고 있다는 점을 지적합니다(Salway et al., 2019; Testa et al., 2017). 이런 높은 비율에도 불구하고 많은 LGBT가 자살을 생각하고 있지 않다는 사실과 LGBT들이 동등한 권리를 갖는 것이 그들의 자살 위험을 낮추는 것과 연관되어 있음을 유념해야 합니다. 예를 들어, 레이프먼과 동료들(Raifman et al., 2017)은 동성 결혼 정책 실행이 청소년 LGBT의 자살 시도 감소와 연관이 있음을 발견했습니다. LGBT를 위해 특별하게 고안된 정신건강 자료에 관심이 있다면 부록 B를 참고하시길 바랍니다.

이제 당신의 문화적 경험이 자살 생각에 어떤 영향을 미치는지 한번 살펴봅시다. 자신의 경험을 보다 잘 정리할 수 있는 명확한 맥락을 만들기 바랍니다. 당신의 삶에 가장 적합하고 효과적인 대처 전략을 짜는 데 이 방법이 도움이 될 것이기 때문입니다.

내 정체성과 연결되는 힘의 원천과 차별 경험

자살 생각을 불러일으킨 차별, 편견 또는 학대를 경험한 적이 있나요? 예를 들어, 민족, 인종, 종교, 장애, 연령, 성적 지향, 성 정체성, 체중, 소득, 교육 수준, 참전 용사 신분 또는 정체성의 다른 부분 때문에 직업, 주거 또는 의료 서비스에서 소외되거나, 조롱당하거나, 배제된 경험이 있나요?

_____

_____

_____

_____

정신건강이나 자살 생각에 대한 문제에서 당신에게 힘이 되는 문화적 가치, 의식 또는 공동체가 있나요? 예를 들어, 어떤 사람은 영적 공동체, 성 소수자 단체, 난민 문화센터, 또는 가풍 등에서 자부심과 지지를 얻습니다.

_____

_____

_____

_____

당신은 정신건강에 영향을 미치는 요소를 탐구하는 엄청난 작업을 끝마쳤습니다! 단계마다 자신을 이해하고 스스로 정신건강에 필요한 것들을 파악하는 일에 점점 더 가까워지고 있습니다.

비자살적 자해란 무엇일까?

비자살적 자해를 하고 있지 않다면 이 부분을 건너뛰고 다음 장인 '자기 진술 장려하기'로 바로 넘어가도 좋습니다. 이 책은 자살 생각과 행동에 초점을 두고 있기 때문에 비자살적 자해에 대해 깊게 다루지는 않습니다. 하지만 자살 생각과 비자살적 행동은 연관성이 있고, 자해하는 사람들은 자살 시도 위험이 높기 때문에(Klonsky et al., 2013), 이 책에서도 비자살적 자해에 대한 기본적인 정보를 포함했습니다.

자기 몸을 불로 지지거나, 베거나, 긁는 것이 가장 일반적인 자해 유형이지만 다른 방법도 사용되고 있습니다. 누구나 비자살적 자해의 영향을 받을 수 있지만, 청소년과 젊은 성인 연령층에서 자해 위험이 가장 높은 것으로 나타납니다(International Society for the Study of Self-Injury, 2019). 청소년의 약 17.2%, 젊은 성인의 13.4%, 성인의 5.5%가 일생 동안 적어도 한 번 이상 의도적으로 자해를 했다고 보고했습니다(Swannell et al., 2014). 의도적으로 자해를 한 적이 있다면 그 이유는 무엇인가요? 그 행위가 고통스러운 감정을 덜어 보고자 하는 것이었다면 자해를 하는 대부분의 사람들과 같은 처지인 것입니다. 그 밖에도 사람들은 자기 스스로를 처벌하거나, 다른 사람들과 소통을 하거나, 마비된 듯한 무감각 대신 무언가 다른 것을 느껴 보려는 시도로 자해를 하기도 합니다(Bentley et al., 2014; Klonsky, 2007).

비자살적 자해와 자살 위험이 서로 관련이 있는 것에는 여러 가지 이유가 있을 수 있지만, 우리가 이해해야 할 가장 중요한 이유는 당신에게 해당하는 바로 그 이유입니다. 이제부터 그 이유를 탐색하는 시간을 가질 텐데, 그 전에 먼저 확인해 봅시다. 제가 생각해 보라고 요청했던 다른 주제들에 대해 여전히 생각하고 있나요? 필요하다면 잠시 쉬어도 좋습니다. 아마 쉬는 시간은 당신이 자신의 감정을 일기에 정리하거나 마음을 진정하는 데 도움이 될지도 모릅니다. 이 과정 역시 작업의 한 일부이며 단계별로 나아갈 때마다 자부심을 느껴도 된다는 것을 기억합시다.

비자살적 자해의 역할

- 처음 자해를 한 나이는 몇 살이었나요? _____
- 가장 최근 자해를 한 때는 몇 살이었나요? _____
- 얼마나 자주 자해를 하고 싶은 충동이 드나요?

  한 번도 안 듦 / 일 년에 한두 번 또는 더 적게 / 매달 / 매주 / 매일
- 자해 충동을 일으킨 것은 무엇인가요?

  감정(예: 슬픔, 분노, 외로움, 수치심, 지루함, 무감각함, 공포, 질투)

  _____

  _____

  관계의 상황(예: 사람과의 다툼, 소외되거나 거절당하는 느낌, 원하지 않는 일을 요구받는 것)

  _____

  _____

  스트레스 요인(예: 고통스러운 기억, 트라우마 플래시백, 직장이나 학교에서 보낸 힘든 하루, 걱정거리)

  _____

  _____

자해 충동을 어떻게 극복하나요?(예: 다른 곳으로 주의 돌리기, 운동하기, 샤워하기, 친구에게 전화하기, 일기 쓰기)

_____

_____

비자살적 자해가 당신의 자살 생각과 자살 행동에 어떻게 연관되는지 이미 알고 있나요? 그렇지 않다면 그 둘 사이의 관련성을 파악하기 위한 방법으로 다음 목록을 사용해 볼 수 있습니다.

☐ 비자살적 자해는 내 자살 위험이 높다는 신호이다.

☐ 비자살적 자해는 내 삶을 끝내지 않고도 감정적인 고통에서 어느 정도 탈출할 수 있게 해 준다.

☐ 비자살적 자해는 다른 사람들에게 내가 도움이 필요하다는 것을 알려 준다.

☐ 비자살적 자해는 다른 사람들에게 내가 고통스러워하고 있다는 것을 알려준다.

☐ 비자살적 자해는 내 정신건강이 악화되고 있다는 것을 의미한다.

☐ 비자살적 자해는 내 자살 위험과 관련이 없다.

☐ 비자살적 자해는 내 스트레스 수준이 높다는 것을 의미한다.

☐ 비자살적 자해는 내가 평소보다 행동에 대한 통제력을 잃었다는 것을 의미한다.

☐ 기타:

때로는 이런 감정을 탐구한다는 것 자체로 수치심이나 죄책감, 자책감이 들 수 있습니다. 그런 일이 일어나지 않기를 바라지만, 삶에서 가장 어두운 순간에는 자기 자비와 수용이 특히 더 어렵습니다. 이번 활동에서는 당신에게 생길 수 있는 자기 판단에 대처하기 위한 몇 가지 문장을 제시해 두었습니다. 이러한 문장을 읽는 것 외에도 사랑하는 사람이 따뜻하게 공감하며 당신을 감싸 안는 상상을 해 볼 수도 있습니다. 고통스러울 때 당신이 얼마나 가치 있는 사람인지를 떠올리게 해 주는 사람들의 지지를 구할 것을 적극적으로 권합니다. 6장에서는 자기 자비를 늘리는 전략들에 더 많은 시간을 할애할 것입니다.

자기 진술 장려하기

□ 내가 겪은 경험을 직면한 후에 이렇게 느끼는 건 당연한 일이다.

□ 내가 어떠한 사람이라는 이유로 차별을 받는 것은 불공평하기 때문에 나는 그 차별에 직면하여 나 자신에게 더 친절하게 대해 주어야 한다.

□ 내 경험이 타당한지에 대해 다른 사람들이 의문을 제기할 수 있다. 그렇다고 해서 그들이 옳거나 나에게 문제가 있다는 뜻은 아니다.

□ 고통을 겪고 있을 때는 그 고통을 덜 방법을 생각하는 게 당연하다.

□ 자살 충동을 느끼는 건 나뿐만이 아니다. 다른 사람들도 이런 어려움을 겪는다.

□ 정서적 고통에 맞서 투쟁하는 것이 내가 약하다거나, 성격적 결함이 있다거나, 나쁜 사람이라는 뜻은 아니다.

□ 과거에 나는 그때 내가 알고 있는 것들로 할 수 있는 최선을 다했다.

□ 나는 나 자신을 친절하고 다정한 태도로 대하며 변화를 위해 노력할 수 있다.

□ 나는 친절함과 건강함을 누릴 가치가 있다.

□ 내가 자살을 생각하는 것이 내 탓이라고 다른 사람들이 말할지라도 그들이 옳은 것은 아니다.

□ 사람들은 자살을 생각하는 것을 이해하기 어려워하지만 그렇다고 해서 나와 내 삶에 대한 그들의 의견이 사실인 것은 아니다.

□ 나는 나 자신을 싫어하지 않으면서 내 감정과 내 삶의 일부만을 싫어할 수 있다.

□ 나는 고통에 대처할 수 있는 새로운 방법을 터득할 수 있다.

□ 기타:

□ 기타:

□ 기타:

　이번 장을 읽으며 자살 생각과 행동으로 이어지는 특정한 스트레스 요인들과 그 요인들이 존재하는 환경을 식별하는 데 도움을 얻었기를 바랍니다. 저와 함께 이러한 문제들을 해결하기 위해 시간과 노력을 기울여 주셔서 감사합니다. 당신은 이 책에 기울인 노력의 결과를 얻을 자격이 있습니다! 다음 장에서는 자살 욕구를 해결하는 방법에 집중하기 이전에 자살 욕구의 원인에 대해 더 깊이 있게 다룰 것입니다.

• 사람들은 가끔 자살과 관련한 생각들에 기분 나쁘게 반응합니다. 그렇다고 해서 당신이 도움을 구하는 행위가 잘못되었다는 것은 아닙니다.

• 어떤 사람들은 사회적 요인으로 인해 다른 사람들보다 자살 위험이 높게 나타납니다. 스스로에 대해, 또 환경의 영향에 대해 이해함으로써 당신은 자신에게 필요한 효과적인 정신건강 계획을 세우는 일에 한 단계 더 나아갈 수 있습니다.

• 당신은 혼자가 아닙니다. 희망을 가져도 좋을 이유는 많습니다. 이 책을 활용하는 동안 수치스러움을 느낀다면 자기 비판 대신 자기 자비의 자세로 자신을 대하도록 노력해 보세요.

돌아보며

이 장을 읽고 활동을 하면서 어떤 생각, 아이디어, 느낌이 떠올랐나요? 당신과 관련이 없다고 느낀 부분이 있었나요? 당신과 가장 관련이 있다고 느낀 부분은 어디였나요? 어떤 것을 배웠나요?

3장

원인 알아내기

자살 생각에 대해 더 자세히 알게 되었으니, 이제부터는 그 원인을 알아봅시다. 이미 여러 연구를 통해 연구자들은 자살 고위험과 연관이 있는 여러 요인을 밝혀 왔습니다(Franklin et al., 2017; O'Conner & Nock, 2014; Van Orden et al., 2010). 이 장에서는 열 가지 위험요인이 당신에게 어떻게 영향을 미칠 수 있는지 살펴볼 것입니다. 그 후에 우리는 1장에서 언급되었던 자살의 3단계 이론에 대해 더 자세히 살펴보고, 이 이론이 당신에게 어떻게 적용될 수 있을지 탐구할 것입니다(Klonsky & May, 2015). 이 장에서는 당신이 경험하는 자살 생각의 원인을 더 잘 인식하는 것을 목표로 합니다. 그렇게 되면 이 책의 다른 장을 최대한 활용하는 데 도움이 될 것입니다.

나에게 영향을 미치는 위험요인

이 활동에서는 반 오던과 동료들의 연구(Van Orden et al., 2010)에서 언급된 열 가지 위험요인(정신질환, 자살 시도 이력, 사회적 고립, 신체질환, 실업, 가족 내 갈등, 충동성, 아동기 학대 경험, 전투 노출 경험, 자살의 가족력)을 나열하고 있습니다. 당신에게 해당하는 요인이 있다면, 그 요인이 자신의 자살 생각에 어떻게 영향을 미치는지 적어 보세요. 현재에는 영향을 미치지 않지만 과거에 영향을 미친 요인이 있다면 그것도 적어 두세요. 만약 어떤 위험요인이 당신에게 적용되지 않는다면 그 부분은 건너뛰어도 좋습니다. 생각나지 않는 부분이 있다면 그 부분도 건너뛰세요. 당신의 이해를 돕기 위해 예시를 적어 두었습니다.

정신질환

현재 어려움을 겪고 있는 정신질환이나 건강 문제: 성폭행을 경험한 뒤 나타나는 외상 후 스트레스 장애, 공황발작, 가끔씩 술을 너무 마심.

이 문제가 현재 나에게 미치는 영향: 잠을 자는 게 힘들다. 성폭행을 당한 이후 사람들을 오랫동안 믿지 못했다. 가끔 애인이 나를 만질 때 그때가 떠오른다. 그러고 나면 하루 종일 화가 난다. 공황발작이 일어나면 너무 무섭고, 그것 때문에 새로운 곳에 가기가 무척 힘들다. 술을 마시면 두 가지 결과가 나타나는데, 문제에서 벗어날 수 있는 탈출구를 만들려고 하거나, 오히려 문제를 더 키운다. 둘 중 어떤 결과가 먼저 나타날지 알 수 없다. 가끔은 이 모든 것을 감당해야 한다는 사실이 너무 힘들고, 그런 감정 때문에 자살 생각을 하게 된다.

정신질환

현재 어려움을 겪고 있는 정신질환이나 건강 문제: ＿＿＿＿＿＿＿＿＿＿＿＿＿

＿＿＿＿＿＿＿＿＿＿＿＿＿＿＿＿＿＿＿＿＿＿＿＿＿＿＿＿＿＿＿＿＿＿

이 문제가 현재 나에게 미치는 영향: ＿＿＿＿＿＿＿＿＿＿＿＿＿＿＿＿＿＿＿

_____

_____

자살 시도 이력

이 문제가 현재 나에게 미치는 영향: 십 대 때 자살을 시도했고 학교에서 괴롭힘을
당했다. 그 경험이 지금 나에게 큰 영향을 주지는 않지만, 다시는 그 지경까지 이
르지 말자고 나 자신을 상기시키는 역할은 한다. 그때 느꼈던 감정을 다시는 경험
하고 싶지 않다.

자살 시도 이력

이 문제가 현재 나에게 미치는 영향: _____

_____

_____

사회적 고립

이 문제가 현재 나에게 미치는 영향: 우울하다고 느낄 때 사람들을 밀어내곤 한다.
그래도 든든한 가족과 신경 써 주는 친한 친구들이 있어서 정말 다행이다. 외로울
때 사람들을 피하지 말고 도움의 손길을 내밀어야 한다는 걸 기억해야 한다. 혼자
있는 시간이 많아질수록 자살 생각이 확실히 더 심해지기 때문이다.

사회적 고립

이 문제가 현재 나에게 미치는 영향: _____

_____

_____

66

신체질환

현재 어려움을 겪고 있는 신체질환이나 건강 문제: 당뇨가 있어서 혈당이 너무 높거나 낮아지면 기분에 영향을 미친다.

이 문제가 현재 나에게 미치는 영향: 대부분의 사람은 경험하지 않아도 되는 것을 경험해야 한다는 것에 좌절감을 느낀다. 이 문제가 인생을 더 힘들게 하기 때문이다. 여행을 다니는 것도 힘들고, 혈당이 너무 올라가거나 너무 내려가면 몹시 불안하다. 하지만 이 문제가 다른 스트레스들과 동시에 내 인생에 나타나지 않는 한 크게 자살을 생각하게 만들지는 않는다.

신체질환

현재 어려움을 겪고 있는 신체질환이나 건강 문제: ＿＿＿＿＿＿＿＿＿＿

＿＿＿＿＿＿＿＿＿＿＿＿＿＿＿＿＿＿＿＿＿＿＿＿＿＿＿＿＿＿＿＿＿＿

이 문제가 현재 나에게 미치는 영향: ＿＿＿＿＿＿＿＿＿＿＿＿

＿＿＿＿＿＿＿＿＿＿＿＿＿＿＿＿＿＿＿＿＿＿＿＿＿＿＿＿＿＿＿＿＿＿

＿＿＿＿＿＿＿＿＿＿＿＿＿＿＿＿＿＿＿＿＿＿＿＿＿＿＿＿＿＿＿＿＿＿

실업

이 문제가 현재 나에게 미치는 영향: 지금 나는 직업이 있고 요리사라는 내 직업을 좋아한다. 내가 다니는 식당의 매출이 부진하거나 경기가 좋지 않으면 가끔 직장을 잃을까 봐 걱정이 된다. 전에 그런 적이 있었는데, 기분이 좋지 않았다. 실직 기간이 길면 부담스러워지기 시작하고, 사람들이 나 없이 더 잘 살 수 있다는 생각과 함께 자살 생각이 들게 된다.

실업

이 문제가 현재 나에게 미치는 영향: ＿＿＿＿＿＿＿＿＿＿＿＿

가족 내 갈등

이 문제가 현재 나에게 미치는 영향: 새엄마를 제외한 나머지 가족들과는 잘 지내다 보니, 새엄마와 이야기를 하지 않거나 찾아뵙지 않더라도 지금 나에게는 아무런 영향을 주지 않는다. 과거를 생각하면 화가 나지만, 지금은 별로 신경이 쓰이지 않는다. 가끔 우리 집 쌍둥이가 울고 남편과 사이가 좋지 않을 때면 감당하기가 어려워 내가 죽었으면 하는 생각을 하기 시작한다. 가끔은 다루기 벅찬 기분이 든다. 그렇지만 아기들과 남편과의 관계가 좋을 때는 행복하다고 느끼고 오래오래 살고 싶다는 생각이 든다.

가족 내 갈등

이 문제가 현재 나에게 미치는 영향: _____

_____

_____

충동성

이 문제가 현재 나에게 미치는 영향: 가끔 화가 날 때, 기분이 나아지기 위해서 지나치게 많은 돈을 쓴다. 처음에는 효과가 있었지만, 나중에는 나 자신에게 더 화가 나고 재정적으로 걱정이 된다. 이게 자살을 생각하게 하진 않지만, 그럴 때마다 나 자신을 비판하게 된다.

충동성

이 문제가 현재 나에게 미치는 영향: _____

_____

아동기 학대 경험

이 문제가 현재 나에게 미치는 영향: 나는 이를 극복하려고 많이 노력했지만, 여전히 내 감정이 중요하지 않다고 느껴질 때가 있다. 내가 어릴 때 내 감정들이 다른 사람들에게 중요하지 않았기 때문이다. 내가 다칠 때마다, 그게 내가 나쁜 아이라서 벌을 받은 것이라는 말을 들었다. 그 기억이 떠오르면 나 자신을 다시 현실로 돌려놓을 수 있게 되기까지 내가 사라져 버렸으면 좋겠다는 생각을 한다.

아동기 학대 경험

이 문제가 현재 나에게 미치는 영향: _____

_____

_____

전투 노출 경험

이 문제가 현재 나에게 미치는 영향: 이라크에서 복무하다가 끔찍한 것들을 많이 목격했다. 가끔 군복 입은 사람들을 보면 며칠간 좋지 않은 기억들이 떠오른다. 자살하고 싶다는 생각은 들지 않지만, 삶과 단절된 느낌이 든다.

전투 노출 경험

이 문제가 현재 나에게 미치는 영향: _____

_____

_____

자살의 가족력

이 문제가 현재 나에게 미치는 영향: 내가 십 대였을 때 남동생이 자살을 했다. 그게 아직도 너무 슬프다. 동생의 그러한 결정을 막기 위해 내가 더 노력했어야 했다고 느낀다. 그래서 자살하고 싶을 때마다 부모님께서 동생을 잃은 후 얼마나 힘들어하셨는지 생각한다. 내가 그분들께 그럴 수는 없다. 우리 부모님은 그때 마음이 찢어지셨으니까.

자살의 가족력

이 문제가 현재 나에게 미치는 영향: _____

_____

_____

자살의 3단계 이론

지금까지 당신에게 특히 영향을 미치는 요인들에 대해 살펴보았습니다. 이제부터는 이러한 것들이 어떻게 자살 생각과 행동으로 이어질 수 있는지 3단계 이론을 통해 살펴봅시다. 2장에서 이야기했듯이, 많은 사람이 자살을 실제로 행하지는 않고 생각만 합니다. 3단계 이론은 자살 생각이 자살 행동으로 변할 가능성이 높을지, 변한다면 언제일지, 그리고 위기 계획은 언제 필요할지 알려 줍니다(4장에서 더 자세히 설명합니다). 이제 3단계 이론의 각 단계를 함께 살펴봅시다.

1단계: 고통과 절망감

만약 당신이 고통스럽고 절망감을 느낀다면, 자살을 생각하게 될지도 모릅니다. 그 고통은 정서적인 것일 수도 있고 신체적인 것일 수도 있으며, 둘 다일 수도 있습니다. 3단계 이론에서는 고통만 느끼고 미래에 대한 절망감을 함께 느끼지 않는 경우 자살 생각이 들지 않을 것이라고 주장합니다. 이 이론에서는 고통의 원인을 특정하지 않는데, 그 원인이 개개인의 상황에 따라 달라지기 때문입니다. 자살 생각을 하게 되는 고통의 원인으로는 중요한 관계의 실패, 사랑하는 사람의 죽음, 질병, 경제적 어려움, 사직, 기쁨이나 목표의 상실 등이 있습니다. 이제 1단계가 어떻게 당신에게 적용될 수 있는지 생각해 봅시다.

내가 느끼는 고통의 원인은 무엇일까?

지금 고통을 겪고 있나요? 빈칸에 당신이 느끼는 고통은 어떤 느낌인지, 어디서 발생하는지 적어 보세요. 신체 감각, 생각, 감정 등 떠오르는 것이 있다면 자유롭게 적어도 좋습니다.

_____

_____

_____

_____

_____

_____

_____

_____

_____

_____

_____

　　당신이 경험하는 고통에 대해 자세하게 적어 주셔서 감사합니다. 어떤 사람은 자신이 느끼는 고통에 대해 적어 보는 것만으로도 도움이 된다고 느끼는 반면, 어떤 사람은 그러지 못합니다. 당신이 어떻게 느끼든, 시간을 내어 적어 보았다는 것에 자부심을 느꼈으면 합니다. 비록 자신의 고통이 어떤지 정확하게 알고 있지 않더라도 그것이 어떤 느낌인지 쓰는 것만으로도 고통을 다룰 수 있는 유용한 방법을 찾을 수 있습니다. 5장과 6장에서는 문제 해결, CBT, 자기 자비, 수용을 통해 정서적 고통을 줄이는 것에 초점을 맞출 것입니다.

나는 절망감을 느끼는가?

절망감을 느끼나요? 지금은 기분이 어떤가요? 상황이 나아지지 않을 거라고 생각하는 이유는 무엇인가요? 희망을 느끼기 위해 어떤 변화가 필요하다고 생각하나요?

_____

_____

_____

_____

_____

_____

_____

_____

_____

_____

_____

당신이 삶에서 경험하는 절망감에 대해 생각해 보았다는 것이 정말 대단합니다. 그동안 당신이 희망을 찾으려고 얼마나 애썼을지 압니다. 7장에서는 희망을 갖는 것에 대해 다루고 있습니다. 희망을 가져도 좋은 이유를 생각해 내는 것은 가끔 매우 어렵게 느껴집니다. 그렇지만 결국에는 생각해 낼 것입니다. 희망을 가진다면 자살 생각이 더는 강렬하게 느껴지지 않을 것입니다.

2단계: 삶의 유대감

당신이 느끼는 고통의 수준이 매우 높을 경우, 이 고통이 살고자 하는 유대감의 수준을 뛰어넘어 자살 생각이 더욱 강해질 수 있습니다. 삶의 유대감에는 사람(예: 친구, 가족, 연인)과 삶의 다른 요소(예: 직업, 일, 종교)들이 포함될 수 있습니다. 이러한 유대감이 당신의 삶을 가치 있게 만든다면 자살 생각의 수준은 더 낮게 나타날 것입니다.

내 삶의 유대감

당신이 자살에 대한 생각을 할 때, 무엇이 당신을 살아 있게 만드나요?

_____

당신과 가장 유대감이 있다고 생각하는 사람에는 누가 있나요?

_____

이 외에 당신과 유대감이 있다고 생각되는 것들이 있나요? (예: 반려동물)

_____

당신의 일상생활에서 삶에 대한 유대감을 느끼게 하는 것에는 어떤 것들이 있나요?
(예: 역할, 활동, 종교적 신념)

_____

_____

당신의 삶에서 가장 의미 있는 것은 무엇인가요?

_____

_____

_____

_____

_____

당신이 느끼는 유대감과 단절에 대해 공유해 주셔서 감사합니다. 당신을 기분 좋게 만드는 의미와 관계를 찾는 방법을 아는 것은 매우 어려운 일입니다. 8장에서는 관계를 강화하는 방법에 대해서 배울 것이며, 9장에서는 삶의 의미와 목적 의식을 높일 수 있도록 합니다. 관계와 의미를 만들어 내는 것은 어려울 수 있지만, 이 책에서는 당신이 이 과정을 단계별로 밟을 수 있도록 도와줄 것입니다.

3단계: 자살실행력

인간은 각자를 삶으로 이끌고, 고통에서 벗어나게 하며, 해를 입었을 때 스스로를 보호하게 하는 강한 생존 본능을 가지고 태어났습니다. 이는 자살을 생각하는 대부분의 사람이 고통과 죽음에 대한 두려움 때문에 실제로는 자살을 실행하지 않을 것임을 의미합니다. 3단계 이론의 세 번째 단계에서는 생존 본능을 거부하고 자살을 시도하는 사람들에게 나타나는 것으로 보이는 세 가지 종류의 자살실행력에 대해 확인합니다. 첫째는 기질적 요소(예: 유전적으로 당신이 고통에 얼마나 민감한지), 둘째는 후천적 요소(예: 비자살적 자해나 다른 신체적 고통을 겪은 경험 등 죽음에 대한 두려움이 낮아진 경험이 있는지), 셋째는 실제적 요소(예: 자살 방법에 대한 지식이 있고 접근 가능한지)입니다.

나의 자살실행력

자살실행력의 각기 다른 부분이 당신에게 어떻게 영향을 주는지 알아보는 시간을 가져 봅시다. 당신의 성격, 경험, 지식 중에 자살실행력에 영향을 주는 부분이 있나요? 자살할 때 어떤 방법을 사용하는지 알고 있나요? 죽음을 두려워하지 않나요? 이 질문들에 대한 답변을 빈칸에 적어 보세요.

_____

_____

_____

_____

_____

_____

적은 내용을 통해 당신의 자살실행력에 대해 더 잘 이해할 수 있게 되었을 것입니다. 10장에서는 정서적, 신체적 안정을 도모하는 방법에 대해 더 자세히 살펴볼 것이며, 자살실행력이 높아지는 것을 막는 방법에 대해서도 논의할 것입니다.

이번 장이 당신이 삶에서 경험하는 자살 생각과 자살 행동의 원인을 이해하는 데 도움이 되었기를 바랍니다. 이제 자살의 3단계 이론과 이 이론이 당신의 삶에 적용되는 방식을 배웠으니, 위기에 대처하는 방법을 배우기 위해 4장으로 넘어가 봅시다.

- 사람들은 각자의 삶에서 다양하고 개별적인 경로를 통해 자살 충동을 느낍니다.
- 사람들은 자살하고 싶다고 느낄 때 특정한 유형의 경험을 공통적으로 겪으며, 연구를 통해 이를 확인할 수 있습니다.
- 3단계 이론은 다음과 같이 설명합니다.
  - 고통과 절망감은 자살 생각으로 이어집니다.
  - 삶에 대한 유대감이 당신이 느끼는 고통보다 강할 때는 보통 수준의 자살 생각이 나타납니다. 그러나 고통이 삶에 대한 유대감을 넘어서면 강한 수준의 자살 생각이 나타납니다.
  - 강한 자살 생각과 자살실행력을 지닌 사람은 자살을 시도할 위험이 있습니다.

돌아보며 ···

이 장을 읽고 활동을 하면서 어떤 생각, 아이디어, 느낌이 떠올랐나요? 당신과 관련이 없다고 느낀 부분이 있었나요? 당신과 가장 관련이 있다고 느낀 부분은 어디였나요? 어떤 것을 배웠나요?

4장

위기에 대처하기

저는 치료자로서 오랜 기간 이어지는 고통이 사람들에게 큰 피해를 준다는 사실을 알고 있습니다. 그래서 당신이 느끼는 삶의 고통을 줄일 수 있는 방법들을 가르쳐 드리고자 이 책을 집필했습니다. 현재는 고통을 받고 있더라도, 당신이 이 책을 읽고 있다는 사실만으로 당신이 한편으로는 살기를 원한다는 것을 전달해주고 있으며, 이에 감사함을 느낍니다. 당신의 삶은 소중하기 때문입니다. 당신이 가지고 태어난 독특한 자질과 재능은 그 누구도 가지고 있지 않은 것입니다. 당신이 가진 고통의 원인과 이를 해결할 수 있는 방법에 대해 더 깊게 살펴보기 전에 일단 자살 위기로부터 당신을 안전하게 지킬 수 있는 계획을 세워 봅시다. 먼저, 위험한 상태에 있거나 자기 자신을 해칠 수 있는 상태를 의미하는 '위기 상태'에 있다는 사실을 어떻게 스스로 인지할 수 있는지 살펴보겠습니다. 다음으로, 다른 사람에게 도움을 구하고 고통을 줄여 주는 방법을 찾는 것과 같이 안전하고 건강한 대처 전략을 함께 세워 볼 것입니다. 당신의 자살 생각이 크지 않은 수준이라고 하더라도 언제 달라질지 모르기 때문에 미리 준비하여 위기 계획을 세워 두면 매우 유용할 것입니다.

나는 위기 상태일까?

극심한 고통을 경험하고 있다면 위기로 변할 수 있습니다. 사람마다 자살 위험 수준이 점차 심각한 수준으로 가고 있을 때 나타나는 각자의 신호가 있습니다. 한 연구에서는 그 가운데 가장 흔하게 나타나는 것이 무엇인지 밝혀냈지만(불면증, 악몽, 갑작스러운 체중 감소, 불안, 사회적 은둔; Chu et al., 2015), 특별히 당신에게 나타나는 신호를 알아내는 것이 특히 중요합니다. 예시를 먼저 보면서 위기가 시작되고 있다는 신호를 함께 찾아봅시다.

다이애나는 15살 때부터 우울증을 앓았다. 지금은 36살이고, 치료에서 새로운 대처 기술을 배우면서 친구들과 우정을 쌓았다. 평소에 다이애나는 기분이 좋고 자살을 생각하지 않는다. 그러나 극도로 스트레스를 받을 때(예: 애인과 크게 싸웠을 때, 직장에서 갈등이 있을 때)나 연속해서 여러 스트레스를 동시에 경험할 때(예: 질병, 예상치 못한 지출) 다시 자살 생각이 든다는 것을 발견하였다.

최근에는 업무 성과에 대한 피드백을 받았다. 전체적으로 평가는 긍정적이었지만, 프로젝트를 완료하기 위해서 시의성을 높일 필요가 있다는 지적에만 계속 눈길이 갔다. 다이애나는 자기가 하루 종일 평가 내용을 곱씹고 있으며, 그 평가 때문에 일에 집중하기 어렵다는 사실을 깨달았다. 다이애나는 집에 가 남자친구에게 그 사실을 털어놓으며 남자친구가 자신을 안심시켜 주기를 바랐다. 처음에는 안심이 되어서 좋았으나, 잘 시간이 되자 점차 그 마음이 사라지기 시작했다. 그 후 며칠 동안 다이애나는 계속해서 남자친구에게 자신을 안심시켜 달라고 말했고 점차 도움이 되지 않는다고 느꼈다. 이제 다이애나는 자기가 가치 없는 사람이라는 생각과 직장을 잃을 것이라는 두려움 때문에 잠들기가 힘들어졌다.

다이애나는 자기가 직업적으로 성공할 기회를 잃었다고 확신했다. 남자친구는 이 일이 몇 주 동안 계속된다는 사실에 불평을 하기 시작했으며, 그러자 남자친구가 떠날까 봐 또 무서워졌다. 다이애나는 점차 남자친구와 동료들로부터 거리를 두기 시작했다. 견딜 수가 없었고 수치심으로 가득 차 있었으며 끊임없는 걱정과 죄책감에서 벗어나기 위해 자살을 생각하기 시작했다. 다이애나는 다음날 남자친구가 출근하면 처방받은 약을 권장 복용량보다 더 먹어볼까 생각했다.

우리는 여기서 다이애나의 위기가 점차 커지고 있다는 여러 신호를 확인할 수 있습니다. 슬프고 수치스러운 기분이 며칠간 지속되며 다이애나의 수면, 일, 관계를 방해하고 있습니다. 그녀는 점차 위험한 수준으로 가고 있으며, 이전에 이러한 것을 경험한 적이 있고 그 결과는 자살 시도로 이어졌습니다. 다이애나의 마음은 고통을 멈추게 만드는 여러 방법들로 널뛰고 있습니다. 이것은 특히 위험한데, 다이애나가 자기 자신을 어떻게 다치게 할지 구체적인 계획을 세우고 있기 때문입니다.

당신이 위기 상태라는 신호에는 어떤 것들이 있나요? 다이애나의 경험을 토대로 한 아래 예시를 참고해서 당신의 신호를 확인해 봅시다.

내가 위기 상태라는 신호(다이애나의 예시)

☐ 악몽

☑ 불면증(잠들지 못하거나 새벽에 깨는 것)

☑ 사회적 단절(문자에 답장하지 않거나, 약속을 취소하는 것)

☑ 자기혐오, 수치심

☐ 절망감

☑ 불안, 가만히 있지 못함

☑ 자살에 대해 평소보다 더 많이 생각함

☑ 자살을 계획함(예: 총을 준비함, 언제 자살할지 생각함)

☐ 자신을 돌보지 않음(예: 샤워를 하지 않음, 음식을 먹지 않음)

☑ 나 자신이 싫다고 느끼고, 이런 감정이 하루 이상 지속됨

☑ 생각이 너무 많음(특히 자기 전)

☑ 사람들을 피함

☑ 삶을 끝내는 것에 대해 상상함

☑ 내가 없어야 주변 사람들이 더 좋을 것이라고 생각함

☑ 상황이 나아질 거라고 생각하지 않음

내가 위기 상태라는 신호

당신에게 나타나는 경고 신호를 확인해 보고, 당신에게만 나타나는 것이 있다면 아래 리스트에 추가하세요.

☐ 악몽

☐ 불면증(잠들지 못하거나 새벽에 깨는 것)

☐ 사회적 단절(문자에 답장하지 않거나, 약속을 취소하는 것)

☐ 자기혐오, 수치심

☐ 절망감

☐ 불안, 가만히 있지 못함

☐ 자살에 대해 평소보다 더 많이 생각함

☐ 자살을 계획함(예: 총을 준비함, 언제 자살할지 생각함)

☐ 자신을 돌보지 않음(예: 샤워를 하지 않음, 음식을 먹지 않음)

☐ _____

☐ _____

☐ _____

☐ _____

☐ _____

☐ _____

고생 많으셨습니다! 위기였을 때를 다시 떠올리는 건 고통스러운 일입니다. 그때를 다시 떠올린다는 게 힘들었을 텐데도 당신에게 나타났던 경고 신호에는 어떤 것들이 있었는지 떠올려 주셔서 정말 감사합니다. 이러한 성찰이 미래의 당신을 안전하게 지켜 줄 것입니다.

어떻게 하면 정서적 고통의 수준을 빠르게 줄일 수 있을까?

위기에 처했을 때는 불안, 슬픔, 또는 여러 불편한 느낌이 뒤섞인 감정을 느낄 수 있습니다. 만약 당신이 자살을 하고 싶다면 아마 그 이유는 당신이 느끼는 고통이 너무 심해서 죽는 것만이 괜찮아질 수 있는 방법이라고 느껴지기 때문일 것입니다. 그렇기에 고통을 줄일 수 있는 다른 방법을 찾는 것은 매우 중요합니다. 이 책에서는 앞으로 두 장에 걸쳐 당신이 오랜 기간 느꼈던 정서적 고통을 줄이는 방법에 대해 더 깊이 다룰 것입니다. 일단 이번 장에서는 위기 상황에서 자신을 해칠 수 있는 위기를 빠르게 줄일 믿을 만한 전략의 목록을 살펴볼 것입니다.

사람마다 자신에게 가장 적합한 특정 활동이 있지만, 일반적으로 아래와 같은 활동들이 가장 큰 영향을 미칩니다.

- **당신의 관심을 완전히 사로잡는 것**
  - 당신의 마음을 사로잡는 영화, 책, 공연
  - 비디오 게임
  - 무언가 만들기
  - 그림 그리거나 색칠하기
  - 집 꾸미기
  - 요리하거나 베이킹하기
  - 퍼즐 맞추기
  - 친구와 수다 떨기
  - 낯선 장소에 가기
  - 청소하거나 정리하기
- **당신의 신체에 긍정적인 영향을 주는 것**
  - 운동하기
  - 반신욕 혹은 샤워하기
  - 찬물로 세수하기

- 심호흡하기
- 거친 운동하기
- 따뜻한 차 마시기
- 마사지 받기
- 스트레칭
- 근육의 긴장과 이완
- 편한 옷으로 갈아입기
- **당신의 기분을 좋게 하는 것**
  - 우주, 자연, 동물 사진 보기
  - 좋아하는 노래에 맞춰 춤추거나 노래 부르기
  - 라이브 음악 듣기
  - 사랑하는 사람과 포옹하기
  - 반려동물과 시간 보내기
  - 가족이나 친구 사진 보기
  - 향초에 불붙이기
  - 경치 좋은 곳에 앉아 있기
  - 가장 좋아하는 음식 먹기
  - 스탠드업 코미디 공연 보기

당신의 목록을 작성하기 전에 다이애나가 적은 예시를 먼저 살펴봅시다. 이 활동의 목표는 다양한 활동을 구상해 봄으로써 언제 어디서나 할 수 있는 활동을 준비해 두는 것입니다. 예를 들어, 오랫동안 산책을 하고 싶어도 비가 오거나 밖이 어두워지면 산책을 할 수 없고, 오랜 시간 목욕을 하는 것이 안정감을 주어도 일을 하고 있거나 운전 중이라면 할 수가 없습니다. 다양한 선택지를 마련해 두면 중간에 막히지 않을 것입니다.

정서적 고통을 줄이기 위한 열 가지 방법(다이애나의 예시)

1. 산책하기

2. 따뜻한 물로 샤워하기

3. 휴대폰 게임하기

4. 거품 목욕하기

5. 찬물로 세수하기

6. 숨차는 운동하기

7. 마음을 진정시켜 주는 음악 듣기

8. 허브차 마시기

9. 햇빛 아래 앉아 있기

10. 웃긴 영화 보기

다이애나의 예시를 모두 읽었다면, 위기 상황에서 극심한 정서적 고통을 줄일 수 있는 열 가지 방법을 생각해 보세요.

정서적 고통을 줄이기 위한 열 가지 방법

1. _____

2. _____

3. _____

4. _____

5. _____

6. _____

7. _____

8. _____

9. _____

10. _____

불면증과 악몽에 대해서 기억할 것

앞서 불면증과 악몽이 모두 자살에 대한 경고 신호가 될 수 있다고 언급했습니다(Liu et al, 2020). 추가로 부록 B에 수면 문제에 특히 도움이 되는 책들을 적어 두었습니다(Silberman, 2008). 여기에서는 몇 가지 기본적인 조언을 전달하고자 합니다.

- 수면 문제에 대해서 가장 흔하게 나타나면서 가장 도움이 되지 않는 반응은 '파국화하는 것(to castastrophize)', 즉 어떤 상황에서든 최악의 시나리오에 대해 생각하는 것입니다. 최악의 시나리오란 당신이 결코 잠들지 못할 것이고 내일이 당신에게 얼마나 나쁠지 생각하는 것입니다. 이런 생각을 하면 불안해지고 심지어 공황을 겪게 되어 잠을 자는 게 더 어려워질 수 있습니다. 물론 쉽지 않겠지만, 잠을 자면 좋은 것이고, 잠을 자지 못하더라도 그게 엄청난 불행을 가져오지는 않을 거라고 자기 자신에게 말해야 합니다. 휴식과 안식에 목표를 두시길 바랍니다. 그렇게만 해도 원기

는 회복될 것입니다.

- 시간이 지나도 잠들지 않는다면, 다소 지루한 책을 읽거나 들어도 좋고, 신체적으로 무리가 되지 않는 활동(예: 빨래 개기, 탁상이나 선반 같은 작은 가구 재배치하기)을 해 보세요. 잠이 안 올 때 침대에서 일어나는 것은 잠을 못 자면서 느끼는 좌절감을 예방하는 데 도움이 됩니다.

- 수면 패턴을 규칙화하세요. 그 전날 잠을 못 잤더라도 매일 아침 같은 시간에 일어나세요. 그리고 낮잠을 자지 마세요. 이러한 패턴이 밤에 잠을 잘 자게 만들어 줄 수 있습니다.

- 잠자리에 들기 전에 긴장을 이완하는 활동(예: 거품 목욕, 샤워, 기도, 독서, 누군가와 하루 일과 이야기하기, 이완 운동하기)을 하고, 자극적인 활동(예: 소셜 미디어 피드, 뉴스 기사, 격렬한 운동)은 피하세요.

- 특히 저녁에 카페인 섭취를 제한하세요.

- 하루에 약간이라도 운동해 보세요. 그렇지만 자기 직전에는 하지 않도록 하세요.

- 불면증을 위해 CBT를 진행하는 정신건강 전문가를 만나는 것을 고려해 보세요(Boness et al., 2020).

악몽과 관련해서 당신은 정신건강 전문가에게 도움을 청할 수 있으며, 과학적인 정보에 입각해 악몽을 줄여준다고 알려진 이미지 시연 치료(image rehearsal therapy)에 대해 질문할 수도 있습니다(Krakow and Wadra, 2010). 간단히 말해서 이미지 시연 치료는 악몽에 대해 기록하고 그 결말을 행복하게 바꾸며, 새로운 결말을 상상하는 방식으로 진행됩니다.

누구에게 도움을 구할 수 있을까?

당신 혼자 이런 일을 겪지 않도록 누가 응원해 줄 수 있을지 생각해 봅시다. 도움을 구하는 것은 모든 것을 스스로 해결해야 한다는 부담을 줄여주기 때문에 매우 중요합니다. 단 한 명이라도 당신을 도와준다면, 위기가 더 다루기 쉽게 느껴질 것입니다. 힘들 때 자기 자신을 다른 사람들과 연결하는 것은 이미 겪고 있는 고통뿐만 아니라 외로움으로 발생할 수 있는 추가적인 고통도 예방할 수 있습니다.

위기 상태에서 도움을 요청할 수 있는 사람(다이애나의 예시)

누가 내 기운을 북돋아 줄까?

친구:	나를 어떻게 도와줄 수 있는지:
스티븐	재밌는 이야기나 농담을 들려줌
마리골드	내가 이전에 힘든 시간을 잘 견뎌낸 것을 상기시켜 줌
이네즈	격려의 말을 해 줌

가족:	
아빠	나를 믿고 사랑한다고 말함
데이비드	함께한 재밌는 추억을 이야기함
엄마	같이 놀러 가고 비디오 게임을 함께 함

기타(예: 파트너, 동료, 이웃):	
안드레	요리를 해 주거나 같이 산책을 감, 나를 안아 줌
수미	직장에서 가볍게 수다를 떪

| 아룬 | 함께 커피나 차를 마심 |

내가 느끼는 감정을 누구와 함께 나눌 수 있을까?

이름:	나를 어떻게 도와줄 수 있는지:
엘리자베스	충고를 하지 않고 내 이야기를 들어 줌
안드레	내 이야기를 잘 들어 주고 나를 신뢰함
레타 목사님	조언해 주시고 종교적인 지혜를 나누어 주심. 내게 도움이 될 만한 기도문을 추천해 주심

대처 기술이나 안전과 관련해서 누가 날 도와줄 수 있을까?
(예: 치료사나 다른 전문가, 가족, 친구)

이름:	나를 어떻게 도와줄 수 있는지:
버널 박사님	대처 기술을 알려 주심
위기 문자 라인	내 감정이 가라앉고 안전 계획을 지킬 수 있을 때까지 문자를 보내 줌
엄마	강렬한 감정이 사라질 때까지 우리 집에 와 있어 주고, 위기에서 벗어날 때까지 약을 잘 챙겨 주고, 나아질 때까지 함께 있어 줌

이제 당신의 활동지를 작성하세요. 위기 상황에서 당신을 도와줄 수 있는 사람들을 적어 보세요. 이 활동에서는 각 항목별로 최소한 한 명씩 사람을 적어 보는 것을 목표로 합니다. 어떤 항목에서 막힌다면, 다음 항목으로 이동하세요. 언제든지 이전 항목으로 다시 돌아올 수 있습니다. 당신의 휴대폰에 각 사람이나 기관의 전화번호가 저장되어 있는지 확인하고 각자가 어떤 도움을 줄 수 있는지 구체적으로 나열해 보세요. 물론 당신이 위기에 처하면, 무엇이 당신에게 필요한지 생각하기 어려울 수 있습

니다. 그렇지만 지금 계획을 세워 두면 위기 상황에서 이 활동지를 참고할 수 있습니다. 목록에 있는 사람들에게 연락해서 당신의 안전 계획에 그 사람을 포함해도 되는지 물어보는 것도 도움이 될 수 있습니다. 그 사람이 당신에게 어떤 도움을 줄 수 있는지 미리 알려 준다면, 그 사람도 당신이 도움을 필요로 하는 순간에 더 쉽게 당신을 도울 수 있을 것입니다. 목록에 적힌 사람들 중 어떤 사람과는 모든 세부 사항을 논의하는 것이 불편하게 느껴질 수도 있습니다. 그래도 괜찮습니다. (이 활동지의 사본을 인쇄해서 편한 장소에 준비해 두는 것도 좋습니다.)

위기 상태에서 도움을 요청할 수 있는 사람

누가 내 기운을 북돋아 줄까?

친구: 나를 어떻게 도와줄 수 있는지:

_____   _____

_____   _____

_____   _____

가족:

_____   _____

_____   _____

_____   _____

기타(예: 파트너, 동료, 이웃):

_____   _____

_____   _____

_____   _____

내가 느끼는 감정을 누구와 함께 나눌 수 있을까?

이름: 나를 어떻게 도와줄 수 있는지:

_____   _____

_____   _____

_____   _____

대처 기술이나 안전과 관련해서 누가 날 도와줄 수 있을까?

(예: 치료사나 다른 전문가, 가족, 친구)

이름: 나를 어떻게 도와줄 수 있는지:

_____   _____

_____   _____

_____   _____

    당신은 힘들 때 사람들에게 도움을 편하게 요청할 수 있나요? 만약 그렇지 않다면 당신이 위기 속에서 도움을 구할 때 방해가 되는 것이 무엇인지 잠시 생각해 보세요. 전에도 나쁜 경험을 한 적이 있거나, 아니면 당신이 도움을 받을 자격이 있는지 확신할 수 없을지도 모릅니다. 다시 한번 말하지만, 우리 모두의 삶은 소중하고, 지금 당장 그렇게 느낄 수 없더라도 당신은 도움을 받을 가치가 있습니다. 지원을 요구하는 것과 관련하여 어떻게 대화를 시작해야 할지 잘 모르겠다면 아래 활동에서 제안하는 내용을 읽어 보세요.

도움을 요청하는 방법

당신이 편하게 말할 수 있는 문장에 체크하고, 당신이 생각하는 다른 표현이나 문장이 있다면 빈칸에 추가하세요.

☐ 저 지금 우울해요. 이 감정에 대해서 이야기를 나눌 수 있을까요?

☐ 나 지금 힘들어. 내가 어떻게 도움을 받을 수 있을지 같이 생각해 줄래?

☐ 지금 자해를 하고 싶은데, 걱정도 돼. 누가 내 말을 들어 주거나 함께 시간을 보내면 기분이 좀 나아질 것 같아. 같이 점심 먹거나 산책할 수 있을까?

☐ 제가 자해를 할까 봐 무서워요. 제가 나아질 때까지 제 약을 좀 보관해 주실 수 있나요?

☐ 내가 도와달라고 말하긴 힘들지만 지금 난 위기에 봉착했어. 내가 이 일을 어떻게 처리해야 할지 알아낼 때까지 나와 함께 해줄래?

- _____
- _____
- _____
- _____
- _____

나 자신을 어떻게 안전하게 지킬 수 있을까?

자살 위기에 처했을 때 자살 방법(예: 총, 과다복용할 수 있는 약)에 접근할 수 있다면 자살을 시도할 가능성이 높아질 것입니다. 이는 위기 상황에서 자기 자신을 안전하게 지키려면 당신과 당신을 해치는 방법 사이에 거리를 두어야 한다는 것을 의미합니다. 예를 들어, 한 연구에서는 총을 소지하는 것이 자살 위험을 증가시킬 수 있다고 보았으며 이는 강한 자살 생각을 경험하는 동안 위험한 방법에 접근할 수 있게 되는 것이 원인이라고 설명했습니다(Anestis & Hountsma, 2017). 위기의 순간에 위험한 방법에 접근을 제한하는 것(예: 탄약을 총기와 따로 보관하기, 금고에 총 보관하기)은 당신의 생명을 구할 수 있습니다. 이는 강한 자살 욕구가 그 방법에 접근하는 시간 동안 감소하는 경향이 있기 때문입니다(Anestis, 2018).

다이애나는 예시에서 처방받은 약을 과다복용할지 고민하고 있었습니다. 다이애나의 위기 계획 중에는 친척이나 친구가 약을 대신 보관하여 다이애나가 자신의 집에 약을 두지 않는 것이 포함되어 있습니다. 물론 약이 필요할 때는 이들을 방문할 수 있고 그럴 경우 그 사람이 필요한 양만을 전달해 줄 수 있습니다. 그 외에도 남자친구만 비밀번호를 알고 있는 상태에서 사물함에 약을 보관하거나, 약사에게 매번 복용하는 약의 수를 줄여 달라고 부탁할 수도 있습니다. 아마 당신은 이렇게 생각할 것입니다. '그 방법을 못 쓰게 되면, 다른 방법을 쓰면 되지.' 저는 많은 사람이 이와 같은 고민을 하고 있다고 들었고, 이를 충분히 이해합니다. 그러나 한 연구에서는 사람들이 자신이 선호하는 방법에 접근할 수 없는 경우에 대부분 다른 방법을 새롭게 찾아보지 않는다는 것을 발견했습니다(Zalsman et al., 2016). 게다가 어떨 때는 추가적으로 생각해 낸 방법이 첫 번째로 생각해 낸 방법보다 덜 위험한 방법이어서 오히려 생명을 구하기도 합니다. 이것은 당신 스스로를 안전하게 지킬 수 있는 방법이 있다는 것을 의미하기 때문에 매우 희망적인 소식입니다. 이제 이번 활동을 통해 당신의 안전 계획을 더 자세히 살펴봅시다.

안전하게 지내기

집에 총기가 있나요?

    □ 예   □ 아니오

당신이 위기에 처했을 때 어떻게 하면 안전하다고 느낄 수 있을까요?

    □ 집 밖에 총기 보관하기(예: 다른 사람의 집)

    □ 총기와 총알 분리해서 보관하기

    □ 총기 안전하게 보관하기(예: 금고)

자기 자신을 일부러 해하기 위해 사용하려고 생각하고 있는 다른 방법들이 있나요? 아래에 모두 적어 보세요.

_____

_____

이러한 방법에 대한 접근을 줄임으로써 어떻게 스스로를 더 안전하게 만들 수 있나요? 어떻게 작성해야 할지 잘 모르겠다면 누군가에게 도움을 요청해 보세요.
(예: 치료사, 친구, 위기 핫라인 전화)

_____

_____

비상시에는 누구에게 연락해야 할까?

당신의 삶은 정말 소중합니다. 그렇기에 당신이 우리와 함께하길 원합니다. 높은 자살 위험을 보이는 아래 신호들 중 하나 이상을 경험할 경우 다음에 나열된 응급 서비스 중 하나에 연락하는 것을 고려해 보세요(Stanley et al., 2016).

- 자신이 자살하는 것을 막을 수 없다고 느낀다.
- 마음이 복잡해서 자살 이외의 대안을 생각할 수 없다.
- 자살에 대한 욕구가 시간이 지날수록 강해진다.
- 구체적인 계획이 있고, 이를 실천하려 한다.
- 몸을 뚫고 나오는 듯한 불안감을 느낀다.
- 다른 사람 또는 자신에 대해 극심한 혐오감을 느낀다(예: 다른 사람이 나 없이 더 잘 살 수 있다고 느껴지고, 그래서 내가 모두에게서 사라져야 한다고 생각한다).
- 삶이 더 나아질 거라는 희망을 잃었다.
- 위기에 처했을 때 옆에 있어 줄 사람이 없다.

당신을 위한 제안 사항으로 아래에 여러 단체를 나열해 두었으니, 최신 전화번호를 찾아 적어 두세요(대부분은 인터넷으로 검색하거나 의료 전문가 또는 정신건강 전문가에게 문의하여 쉽게 구할 수 있습니다). 연락할 수 있는 비상 번호를 추가한 다음 필요할 때마다 연락할 수 있게 휴대폰에 모두 저장해 두세요. (이 목록의 사본을 인쇄해서 편한 장소에 두세요.)

비상시에 연락 가능한 응급 서비스

1. 국가자살예방 생명전화 　　　전화번호: _____

2. 위기 문자 연락 　　　　　　　전화번호: _____

3. 직접 병원 방문   전화번호: _____

                         주소: _____

4. 기타 비상전화   전화번호: _____

5. 정신건강 위기대응기관   전화번호: _____

6. 지역 응급실   전화번호: _____

                         주소: _____

7. 기타:

_____

_____

_____

당신이 세운 위기 계획에 쉽게 접근할 수 있게 하기

　여기까지 왔다는 건 당신이 자살 위기에 대처하기 위해 열심히 노력했다는 뜻입니다. 지금까지는 각 단계를 자세하게 살펴보았으니, 이제부터는 이 계획들을 한 페이지에 모아 보겠습니다. 이 요약본은 당신이 언제든 접근할 수 있게 하려고 만든 것입니다. 이 페이지를 찢어서 지갑에 넣어 두거나, 냉장고와 같이 집안 곳곳에 붙여 두거나, 휴대폰으로 사진을 찍어 두세요. 핵심은 필요할 때마다 쉽게 꺼내 볼 수 있어야 한다는 것입니다. 또한 최소 한 장 이상 복사해서, 당신이 신뢰하는 누군가(치료사, 친한 친구, 애인)와 이를 공유하도록 하세요. 사본이 있다면 필요할 때 그들이 지시에 따라 도움을 줄 수 있을 것입니다.

위기 계획 요약본에서는 또한 당신이 꼭 살아야 하는 이유들을 나열하도록 되어 있습니다. 당신이 자살 충동을 느끼게 되면, 그때는 어떤 이유로 자신이 살아 있기를 원하는지 기억하기 어려울 수 있습니다. 이런 경우에 요약본을 보면 그 이유를 떠올리기가 쉬울 것입니다. 이 장이 위기 상황에서 안전하게 지내는 데 도움이 되길 바랍니다. 세상은 당신이 존재할 때 더 좋은 곳이니까요.

나의 위기 계획 요약본(다이애나의 예시)

내가 위기 상태라는 신호: 불면증, 자살을 계획함, 남자친구와 친구들과 거리를 둠, 희망을 잃음, 초조함

내가 살고 싶은 이유: 계획했던 여행을 가고 싶음, 남자친구가 가슴 아파하는 걸 원치 않음, 40번째 생일을 기념하고 싶음

도움을 요청할 수 있는 사람(휴대폰에 이들의 번호를 꼭 저장해 두세요.)

　나의 기운을 북돋아 주는 사람: 스티븐, 마리골드, 이네즈, 아빠, 데이비드, 엄마, 수미, 아룬, 안드레

　내가 느끼는 감정을 함께 나눌 수 있는 사람: 엘리자베스, 안드레, 레타 목사님

　대처하는 방법이나 안전에 대해 조언을 얻을 수 있는 사람: 버널 박사님, 위기 문자 연락, 엄마

나 자신을 안심시킬 수 있는 방법: 남자친구에게 내 약을 보관해 달라고 부탁하기

극심한 정서적 고통을 빠르게 줄일 수 있는 방법: 산책하기, 뜨거운 물로 샤워하기, 휴대전화 게임, 거품 목욕하기, 찬물로 세수하기, 심호흡하기, 허브차 마시기, 햇볕 쬐기, 웃긴 영화 보기

비상시에 연락 가능한 번호나 기관: 국가자살예방 생명전화, 가까운 응급실, 정신건강 위기대응기관

다이애나의 예시를 모두 살펴보았다면, 이제 활동지에 당신의 위기 계획을 작성해 보세요.

나의 위기 계획 요약본

내가 위기 상태라는 신호: _____

_____

내가 살고 싶은 이유: _____

_____

도움을 요청할 수 있는 사람(휴대폰에 이들의 번호를 꼭 저장해 두세요.)

• 나의 기운을 북돋아 주는 사람: _____

• 내가 느끼는 감정을 함께 나눌 수 있는 사람: _____

• 대처하는 방법이나 안전에 대해 조언을 얻을 수 있는 사람: _____

나 자신을 안심시킬 수 있는 방법: _____

극심한 정서적 고통을 빠르게 줄일 수 있는 방법: _____

_____

_____

비상시에 연락 가능한 번호나 기관: _____

_____

_____

_____

- 사람마다 위기가 시작될 때 나타나는 자신만의 신호가 있습니다. 따라서 위기 계획을 언제 활용해야 하는지 알 수 있도록 자신의 성향을 미리 파악하는 것이 중요합니다.

- 자살 위기 수준을 줄이기 위한 좋은 전략으로는 다른 사람으로부터 지지를 받거나, 자살 방법에 대한 접근을 줄이거나, 정서적 고통을 줄일 수 있는 안전한 선택을 하거나, 비상시에 연락할 수 있는 번호에 접근하는 것이 있습니다.

- 위기 중에는 문제를 해결하기가 어렵습니다. 활용 가능한 계획이 있다면 안전하게 지내는 것이 훨씬 더 수월할 것입니다.

돌아보며

이 장을 읽고 활동을 하면서 어떤 생각, 아이디어, 느낌이 떠올랐나요? 당신과 관련이 없다고 느낀 부분이 있었나요? 당신과 가장 관련이 있다고 느낀 부분은 어디였나요? 어떤 것을 배웠나요?

5장

정서적 고통 줄이기

사람들은 대부분 삶이 참혹하게 느껴질 만큼 정서적인 고통이 느껴질 때 자살을 생각하곤 합니다. 당신이 이 책을 읽고 있기 때문에, 당신 또한 그런 아픔을 느끼셨으리라 생각합니다. 그동안 어두운 곳에 있느라 고생하셨습니다. 여전히 살아 있어 주셔서 감사합니다. 당신의 삶은 소중하고, 당신의 행복 또한 중요합니다. 자살을 예방하는 것은 단지 당신의 자살을 막는 것만을 이야기하는 것은 아닙니다. 이는 당신이 살아 있고 싶도록 기분을 좋게 만들고, 의미 있는 삶을 창조할 수 있도록 하는 것입니다. 이번 장에서는 문제 해결과 CBT 전략을 통해 당신이 느끼는 고통의 원인이 무엇인지 파악하고 이를 줄이는 방법을 함께 배우도록 하겠습니다.

내 고통의 원인은 무엇일까?

여러 가지 상황은 정서적 고통으로 이어질 수 있습니다. 때로는 고통의 원인이 흐릿해지고 그 자리에 전반적인 두려움이 자리 잡기도 합니다. 일반적으로 삶이 고통스럽다는 생각이 들 때, 기분이 나아지기 위해 무엇을 할 수 있을지 정확히 집어내는 것은 어려운 일입니다. 무엇이 당신을 아프게 하는지 구체적으로 아는 것으로 시작하는 것이 도움이 됩니다. 고통의 원인을 명명하는 것은 그다음 단계인 고통을 줄일 수 있는 효과적인 방법을 찾는 것으로 이어질 것입니다.

내 고통의 또 다른 부분

빈칸에 크든 작든 상관없이 당신이 느끼는 정서적 고통의 원인을 작성해 보세요. 당신의 감정이 타당하지 않거나 중요하지 않다고 해서 이를 억제하려고 하거나 무시하지 마세요. 이곳은 어떠한 판단도 없이 당신의 고통을 살펴볼 수 있는 공간입니다. 이 활동에 대한 예시는 다음과 같습니다.

> 결혼 10년 차에 하비어는 남편 댄이 바람을 피운다는 사실을 알게
> 되었다. 하비어는 상처받았지만 여전히 댄을 사랑했다. 둘은 문제를
> 해결하기 위해서 부부치료를 시작했다. 6개월 후, 댄은 하비어를 더는
> 사랑하지 않는다는 것을 깨닫고 이혼을 결심했다. 하비어는 마음이 아팠고
> 우울해졌으며 삶을 끝낼 생각을 하기 시작했다.

하비어는 이 활동을 통해 다음과 같이 정서적 고통의 원인을 확인할 수 있을 것입니다.
- 댄이 그립다.

- 댄과 함께 늙어 가고 싶던 내 꿈은 산산조각이 났다.
- 댄이 바람을 피운 건 나 때문이다. 내가 더 좋은 사람이 되었어야 했다.
- 나는 평생 혼자 남겨질 것이다. 이번이 내 행복을 위한 유일한 기회였다.
- 내 친구들이 나를 실패자라고 생각할 것이다.
- 나 혼자서는 이 아파트에 살 형편이 되지 않을 것 같다.

이제 빈칸에 당신만의 목록을 만들어 보세요. 당신에게 고통을 주는 것이 무엇인지 말하기 어려울 수 있지만, 당신이 할 수 있다고 믿습니다. 당신은 생각하는 것보다 강한 사람이니까요.

- _____
- _____
- _____
- _____
- _____
- _____
- _____
- _____
- _____
- _____

정서적 고통을 탐색할 때 자신을 친절하게 대하기

당신은 정서적 고통이 어디서 왔는지 그 원인을 파악함으로써 고통을 줄이기 위한 첫 발걸음을 내디뎠습니다. 자부심을 느끼시길 바랍니다. 이제 고통에 대응하는 데 초점을 맞추고, 고통의 원인을 더 자세히 알아보겠습니다.

보통 우리가 삶에서 힘든 것을 생각할 때, 주의를 다른 곳으로 돌리거나 힘든 일에 대해 생각하는 것을 회피하려 할 수 있습니다. 충분히 이해할 수 있는 일입니다. 아픈 것에 집중하고 싶지 않을 테니까요. 하지만 우리의 뇌는 고통에 주의를 기울이도록 만들어져 있기 때문에, 우리의 마음을 고통에서 완전히 분리해 내기는 어렵습니다. 이때 어떤 사람들은 고통에서 벗어나기 위해 마약, 술, 또는 회피와 같이 그 순간을 모면하기 위한 행동을 하게 됩니다. 이러한 행동을 하더라도 고통은 표면 아래에 여전히 남아 있고, 방해하는 행동이 사라지면 다시 개인에게 영향을 미칩니다.

고통을 알아차리고, 직면하고, 극복하는 것이 이러한 고통을 줄이기 위해 가장 효과적이고 장기적인 전략입니다. 이 전략은 자신을 설득하거나 무시하려고 하기보다는 고통의 존재를 받아들이는 것을 의미합니다. 처음에는 자신의 감정을 받아들이는 것이 부담스럽게 느껴질 수 있습니다. 그렇기 때문에 자신의 감정을 확인할 때 친절함과 인내심을 갖고 자기 자신에게 친구처럼 다가가는 것이 중요합니다.

우선, 방해받지 않고 있을 수 있는 조용한 공간을 찾아보세요. 그런 다음, 위에 열거한 고통의 원인을 스스로 탐구해 보세요. 여러 가지 생각이 마음속에 떠오르면 그것을 밀어내고 싶다는 충동을 느낄지도 모릅니다. 충분히 그럴 수 있지만, 충동에 따라 행동하기보다는 떠오르는 생각들을 자신에 대해 더 많이 배울 수 있는 기회로 받아들이길 바랍니다. 당신이 느끼는 감정으로 스스로를 판단하려고 하지 마세요. 수치심 없이 그 감정들을 느껴 보세요. 만약 당신이 자신을 판단하기 시작하거나, '바보 같아'

라는 생각이 들거나 '이런 감정은 그냥 잊어버려야 해'라는 생각이 든다면, 그 대신 '내 고통은 유효해' 또는 '내가 고통스러워서 슬퍼'라고 생각해 보세요. 사랑하는 사람에게 고민을 털어놓는 것처럼 혼잣말을 해보세요. 그런 애정 어린 태도를 자신에게도 적용하도록 노력해 보세요. 처음에는 어려워 보일 수도 있지만, 이를 반복하고 의도적으로 연습을 한다면 점점 쉬워질 것입니다.

이제 당신의 마음속 고통의 원인을 상상해 보고 자신을 더 잘 이해하기 위해 상처를 깊게 파고들어 보세요. 중간에 쉬어도 괜찮습니다. 이 과정은 서두를 필요가 없습니다. 당신이 어떻게 느끼든(예: 망연자실, 슬픔, 분노), 또는 어떻게 반응하든(예: 눈물, 웃음, 놀라움), 그렇게 느껴도 괜찮습니다. 당신이 느끼고 있는 정서적 고통에 대해 성찰하는 시간을 보낸 후, 지금까지 배운 것을 활용하는 시간을 따로 마련해 보세요. 당신이 자기 자비와 수용을 느끼기 어렵더라도 지금 당장 걱정하지는 마세요. 자기 자비와 수용에 대해서는 6장에서 더 깊이 탐구할 것입니다. 지금은 당신이 느끼는 고통을 적으면서 억누르려고 하지 마세요. 생각나는 대로 쓰는 것에 집중하세요. 철자법이나 문법과 같은 세부적인 것에 대해서도 걱정하지 마세요. 이 활동의 목적은 단지 감정을 표현하는 것입니다.

이 지침을 읽고 너무 부담스럽게 느껴진다면, 다음과 같은 다른 방법도 시도해 봅시다.

- 시간 제한을 설정하세요. 다른 일을 위해 휴식을 취하기 전 10분 동안만 정서적인 고통에 대해 생각할 계획을 세워 봅시다. 만약 기분이 좋아진다면 며칠 안에 이 일을 끝낼 수 있습니다.
- 운동을 마친 후 스스로를 편안하게 만들 계획을 세워 보세요(예:

친구에게 전화하기, 산책하기, 좋아하는 노래 듣기).

- 어렵지만 할 수 있다는 것을 인정함으로써 자신을 격려해 보세요. 이는 기분이 좋아지게 만드는 데 매우 중요합니다.

문제 해결을 통해 내 상황을 어떻게 바꿀 수 있을까?

정서적 고통의 원인을 알아냈다면, 그것을 줄이기 위한 여러 가지 접근법이 있습니다. 주요 선택 사항은 다음과 같습니다. (1) 상황 바꾸기, (2) 상황을 바라보는 관점 바꾸기, (3) (1)과 (2)의 조합(대부분의 상황에서 적용됩니다). 문제 해결 과정의 세 가지 단계를 통해 상황을 변화시킬 수 있는 방법을 살펴보는 것부터 시작해 봅시다.

1. 문제 정의하기
2. 문제를 해결하기 위해 가능한 모든 방법을 브레인스토밍하기
3. 가장 좋은 해결책을 선택하고 행동으로 옮기기

문제 정의하기

하비어의 상황을 예로 들어 각 단계를 살펴봅시다. 문제를 정의하기 위해서 당신이 겪는 정서적 고통의 원인을 적은 목록을 보고 각 원인이 어느 정도 영향을 미치는지 살펴보는 것부터 시작해 보세요. 하비어의 목록에서 알맞은 예시를 뽑아 보자면 '나 혼자서는 이 아파트에 살 형편이 되지 않을 것 같다'를 들 수 있습니다. 이제 세부 사항을 추가하고 가장 고통스러운 것이 무엇인지 명확히 함으로써 문제를 정의해 봅시다. 하비어

는 자신의 문제를 다음과 같이 더 명확하게 정의할 수 있습니다. '댄과 나는 비용을 분담하곤 했다. 그런데 지금은 댄이 이사를 갔기 때문에, 나 혼자 아파트 임대료와 공과금을 내는 데 어려움을 겪을 것이다. 여기서 쫓겨날까 봐 무섭다.'

1단계: 자신의 문제 정의하기

당신의 문제를 정의하고 최대한 구체적으로 작성해 보세요. 정서적 고통의 원인을 적은 목록에 있는 항목 중 하나를 선택해 먼저 시작해 보세요. 첫 번째 문제를 해결한 후에 그다음 문제를 선택해서 문제 해결을 시도하면 됩니다. 당신이 느끼는 고통의 원인을 구체적으로 살펴보고, 활동을 하는 동안 자기 자신에게 너그러워야 한다는 것을 기억하세요.

_____

_____

_____

_____

당신이 겪고 있는 문제를 정확하게 잘 설명하셨군요! 이제 두 번째 단계로 넘어갑시다.

가능한 모든 해결 방법 브레인스토밍하기

문제 해결 과정의 두 번째 단계는 가능한 해결 방법을 찾는 것입니다.

이를 위해서는 문제에 대한 보다 명확한 그림을 그려 보는 것이 유용합니다. 고통스러울 때는 해결책을 모색하는 것이 어렵게 느껴질 수 있습니다. 막막하게 느껴지더라도 자책하지 마시길 바랍니다. 할 수 있는 한 최선을 다해서, 처음에는 비현실적으로 보이는 생각이어도 좋으니 떠오르는 모든 생각을 나열해 보세요. 친구, 치료사, 또는 다른 신뢰할 수 있는 사람에게 당신이 직접 뭔가 하지 않아도 되는 해결책을 함께 생각해 달라고 요청하는 것도 좋습니다. 하비어가 두 번째 단계에서 생각해 낸 것은 다음과 같습니다.

- 더 저렴한 아파트로 이사 가기
  - 임대 계약을 빨리 파기할 수 있을지 의문이다.
  - 집세를 감당하지 못할 것 같다면, 시간을 더 달라고 말하거나 사정을 설명할 수 있을 것이다.
★ • 보수가 더 좋은 직장 구하기
  - 보수가 더 좋은 직장을 찾아볼 수는 있겠지만, 시간이 걸릴 것이다. 이런 문제는 단기간에 해결하기 어렵다.
★ • 임금 인상 요구하기
  - 용기 내서 시도해 볼 것이다. 최악이라고 해 봤자 거절당하는 것뿐이다.
- 부업 구하기
  - 장점: 새로운 사람들을 만나고 바쁘게 지낼 수 있을 것이다(아마 댄에 대해 덜 생각할 수 있을지도 모른다).
  - 단점: 지금도 힘든 시간을 보내고 있는데, 스트레스가 심해질 수도 있다.
★ • 룸메이트 구하기
  - 티아나가 주변에 새로운 살 곳을 찾고 있는 친구가 있다고 말했다.

- 엄마에게 돈 빌리기
  - 가끔 엄마는 내 부탁을 들어준다. 이건 최후의 수단으로 남겨 두는 것이 좋겠다.
- 은행에서 대출받기
  - 다른 방법이 안 된다면 이 방법도 시도해 볼 수 있을 것이다. 하지만 지금 당장 더 많은 빚을 지고 싶지는 않다.
★ • 예산을 계획하는 데 신중을 기하고, 다른 비용 줄이기
  - 외식이나 음식을 포장 주문하는 횟수를 줄일 수 있을 것이다. 그러면 돈을 조금이나마 절약할 수 있다. 옷이나 다른 것을 살 때는 좀 더 검소해질 수 있을 것 같다.
★ • 직장 내 직원 지원 프로그램을 통해 재무 전문가 만나 보기
  - 이건 좋은 생각이다. 이 서비스는 무료로 이용할 수 있고, 유용한 팁을 얻을 수 있을지도 모른다.
- 기타를 팔아 현금 확보하기
  - 이런 일은 없었으면 좋겠다. 기타는 내 기분을 조절하는 데 도움이 되기 때문이다. 음악을 연주하면 기분이 좋아지고 활기가 생겨난다.

목록을 작성한 후, 다시 한번 살펴보면서 각 해결책의 장단점, 장애물, 또는 다른 실용적인 점을 메모할 수 있습니다. 예를 들어, 하비어는 부업을 하는 것의 단점으로 정신건강으로 고통받고 있는 시기에 스트레스를 더할 수 있다는 것을 언급했습니다. 또한 기타가 긍정적인 방향으로 감정에 대처하는 데 도움이 되기 때문에 지금 당장 기타를 파는 것은 좋지 않은 방법이라고 말했습니다. 반면 급여 인상을 요구하거나, 룸메이트를 찾아보거나, 재정 전문가에게 도움을 구하는 것은 나쁠 것이 없다고 적었습니다. 게다가, 하비어는 비용을 줄일 수 있다고 생각하고 있습니다. 여기

에 더해 소비를 줄이는 것도 생각하고 있습니다. 하비어는 각각의 해결책 중 할 수 있을 것 같은 항목에 별 표시를 하였습니다.

하비어는 열 가지 가능한 해결책을 생각해 냈지만, 당신이 그보다 더 적게 생각해 냈다고 해서 기분 나빠할 이유는 없습니다. 해결 방법의 개수는 각자의 구체적인 상황에 따라 다르기 때문입니다. 이 활동의 목표는 상황을 바꾸기 위해 당신이 할 수 있는 일이 있는지 확인하는 것입니다. 두세 가지 가능한 해결책을 생각해 내는 것만으로 당신에게 충분할 수 있습니다. 어렵겠지만, 지금까지 정말 잘해 왔습니다!

2단계: 가능한 모든 해결 방법 브레인스토밍하기

이 단계에서는 생각해 낼 수 있는 해결 방법이라면 무엇이든 작성해 보세요. 브레인스토밍을 하는 동안에는 아무리 비현실적으로 보이거나 이상하게 보일지라도 적어보길 바랍니다. 이후, 다시 돌아가서 당신이 적은 내용에 대해 장애물, 장점 혹은 단점을 적어 보세요. 만약 작성하다가 막힌다면, 하비어의 예시를 다시 살펴보세요. 다 작성한 후에는 최선의 선택지를 골라 옆에 별을 그리세요. 적어도 두세 가지를 생각해 보고, 어려움이 있다면 다른 사람에게 도움을 요청해도 좋습니다.

- _____
  - _____
- _____
  - _____
- _____
  - _____

- _____
  - _____
- _____
  - _____
- _____
  - _____
- _____
  - _____
- _____
  - _____
- _____
  - _____

한 가지든 열 가지든 해결책을 생각해 냈다면 삶을 개선하기 위해 지금 하고 있는 작업이 만족스럽다고 느끼는 시간을 가져 보세요. 이제 마지막 문제 해결 단계로 넘어가 봅시다.

가장 좋은 해결책을 선택하고 행동으로 옮기기

당신은 이 단계에 오기까지 충분히 노력하셨습니다. 이번 단계의 핵심은 행동으로 옮길 계획을 마련하는 것입니다. 일정과 단계를 구체적으로 세운다면 실행할 가능성이 더 높을 것입니다. 구체적인 단계와 일정이 없는 막연한 계획은 성공할 가능성이 낮습니다. 너무 무리하지 말고 스스로 현실적인 단계를 계획하는 것도 중요합니다. 상황을 바꿀 수 있는 방법을 생각해 내면서 자기 자신을 너그럽게 대하세요. 하비어가 행동 계획을 위해 생각해 낸 방법은 다음과 같습니다.

1. 해결 방법: 보수가 더 좋은 직장 구하기
   행동:
   - 2주 동안 이력서를 작성하기
   - 토요일마다 최소 30분 동안 일자리 찾아보기
   - 다음 두 달 동안 적어도 두 개의 직업에 지원하기

2. 해결 방법: 임금 인상 요구하기
   행동:
   - 다음 주에 있을 연례회의에서 임금 인상 요청해 보기
   - 어떻게 말할지 계획을 세우고 동료(로버트 또는 케네스)와 함께 연습하기

3. 해결 방법: 룸메이트 구하기
   행동:
   - 오늘 티아나에게 전화를 걸어 새 룸메이트를 찾고 있다는 친구에 대해 물어보기
   - 실패한다면 다른 누군가를 찾기 위해 SNS에 게시물을 올리거나 룸메이트 모집 광고 내기

4. 해결 방법: 경비 줄이기
   행동:
   - 외식을 일주일에 5번에서 2번으로 줄이기-바로 다음 주 월요일부터 시작하기
   - 옷을 살 때는 가격에 신경쓰기

5. 해결 방법: 재무 전문가 만나기

　행동:

- 내일 직원 지원 프로그램을 찾아보고 약속 잡기

3단계: 행동으로 옮기기

아직 안 했다면 가장 실용적이라고 생각하는 방법 옆에 별표를 하고, 해결 방법을 어떻게 행동으로 옮길 것인지 구체적인 과제와 목표 일정을 빈칸에 적으며 계획해 보세요. 문제를 해결하는 과정은 삶에서 고통스러운 상황을 바꾸는 데 도움을 줄 수 있습니다.

1. 해결 방법:

　행동:

- _____
- _____

2. 해결 방법:

　행동:

- _____
- _____

3. 해결 방법:

　행동:

- _____

- _____

4. 해결 방법:

   행동:

   - _____

   - _____

5. 해결 방법:

   행동:

   - _____

   - _____

하비어의 사례가 문제 해결 과정을 배우는 데 도움이 되었기를 바랍니다. 이 과정이 어려워 보인다 해도 당신 잘못이 아니라는 것을 명심하세요. 힘든 시간을 보내고 있을 때는 해결책을 찾기 어려울 수 있습니다. 시간을 갖고 삶을 개선할 방법을 찾기 위해 자기 자신을 믿으세요. 이 세 가지 단계를 실천한다면, 삶에서 스트레스를 주는 몇 가지로부터 고통을 줄이는 방법을 배울 수 있을 것입니다. 응원합니다!

인지행동치료를 통해 어떻게 관점을 바꿀 수 있을까?

이제 문제 해결 방법에 대해 배웠으니 CBT 전략으로 넘어갑시다. 이 영역을 시작하기 전에 CBT 모형과 인지적 오류에 관해 설명하는 1장을 다시 살펴보는 것도 좋습니다.

CBT 모형과 인지적 오류에 대해 다시 살펴보았나요? 좋습니다! 이 모형이 당신의 생각, 정서, 행동에 어떻게 영향을 미칠 수 있는지 살펴봅시다. 먼저 당신의 사고를 파악할 것입니다. 그런 다음 1장의 목록에 해당하는 인지적 오류 패턴을 확인할 것입니다. 사고 패턴을 확인한 후에는 새롭고 더 유용한 생각, '재구성된 사고(reframed thought)'라고 부르는 것을 구성해 보는 작업을 할 것입니다.

CBT는 긍정적인 생각이나 낙관적인 생각을 하도록 강요하는 것과는 다릅니다. CBT 과정은 부정확한 자동적 사고를 알아차리고, 정확하게 재구성된 사고에 도달하여 진실에 닿도록 도와줍니다. 사고 패턴을 파악하고, 증거를 검증하며, 새로운 사고를 하는 것의 목적은 정서적 고통을 줄이고 당신이 처한 상황을 명확하게 하기 위함입니다. 만약 이 과정이 지금 너무 부담스럽게 느껴진다면, 각 단계마다 제가 도와드릴 거라는 걸 기억하세요. 저는 치료자로서 CBT 기법을 배우는 데 어려움을 경험하는 많은 사람과 작업해 왔고, CBT 기법을 배움으로써 사람들의 삶이 나아지는 것을 지켜보았습니다. 새로운 기법을 배우는 것은 힘든 일이지만, 당신이 해내리라 믿습니다.

먼저 하비어가 느끼는 정서적 고통의 원인을 적은 목록에서 두 가지를 예시로 선택해서 작업해 볼 것입니다. 당신의 목록에서 어떤 것을 고를지 선택할 때, 1장에서 살펴본 사고 패턴을 한 가지 이상 포함하는 것으로 선택해 보세요. 감정을 묘사할 때는 감정을 구체적으로 표현하는 것이 도움이 됩니다. 다음은 당신이 선택할 수 있는 정서 단어들입니다.

정서 단어

두려운	낙담한	희망찬	겁에 질린
화가 난	역겨운	절망적인	자랑스러운
짜증 나는	공포스러운	상처받은	후회하는
불안한	당황한	불안정한	억울한
부끄러운	용기가 있는	질투하는	슬픈
지루한	즐거운	기쁜	만족스러운
혼란스러운	좌절한	외로운	무서운
만족스러운	죄책감이 드는	긴장하는	충격적인
호기심이 많은	행복한	자제하는	놀라운
실망스러운	무기력한	무감각한	걱정스러운

고통스러운 사고 재구성하기(하비어의 예시)

사고: 나는 남은 평생 혼자일 것이다.

정서: 절망적인, 공포스러운, 부끄러운

인지적 오류: 감정적 추론, 예언자적 사고

사고에 대한 근거: 그게 사실이라고 느끼고, 현재 애인이 없다.

사고에 반하는 근거: 나는 미래를 알 수 없다. 이 관계 이전에도 연애를 해 본 적이 있

다. 다른 사람들은 이혼 후에 재혼을 한다. 나에게도 다시 연애할 수 있는 기회가 있을 것이다. 나와 함께 시간을 보내는 것을 좋아하는 가족과 친구들이 있다.

근거를 기반으로 하여 인지적 오류 없이 재구성된 사고: 이혼 후 내가 외로움을 느끼는 것은 당연한 일이지만, 그렇다고 해서 내가 남은 평생 혼자인 것은 아니다. 나는 미래를 예측할 수 없고, 다른 관계를 맺을 수 있다고 믿는다. 다른 사람을 만나지 못한다고 해도, 그게 내가 평생 혼자라는 뜻은 아니다. 나에게는 나를 사랑해 주는 가족과 친구가 있다.

정서: 희망찬, 안도감을 느끼는

사고: 내 모든 친구가 나를 실패자라고 생각한다.

정서: 당황스러운, 상처받은

인지적 오류: 명명하기, 독심술, 감정적 추론

사고에 대한 근거: 이렇게 생각하기는 하지만, 딱히 근거가 없다.

사고에 반하는 근거: 친구들은 나를 얼마나 아끼는지 말해 준다. 아무도 내가 실패자라고 말한 적이 없다. 만약 내 친구 중 한 명이 나와 같은 상황이었다면, 나는 그 친구가 실패자라고 생각하지 않을 것이다.

근거를 기반으로 하여 인지적 오류 없이 재구성된 사고: 내가 겪은 일을 생각하면 지금 기분이 우울해지는 것이 당연하지만, 친구들이 나를 패배자로 생각한다고 믿을 이유는 없다. 친구들은 나를 지지하고, 이혼했다는 것에 대해 나를 비난하지 않는다. 가끔 댄이 그리워서 나 자신이 실패자처럼 느껴지기도 하지만 그렇다고 다른 사람들도 그렇게 느끼거나 그게 사실이라는 뜻은 아니다.

정서: 진정된, 안심된, 덜 부끄러운

하비어의 사례에서 알 수 있듯이, CBT는 고통과 괴로움을 줄이기 위해 진실을 찾는 것에 초점을 맞추고 있습니다. 제 내담자들은 재구성된 사고가 사실인 것을 알고는 있지만 바로 믿기가 어렵다고 가끔 이야기합니다. 그렇게 느낀다고 해도 지극히 정상이고 예상 가능한 일입니다. 새롭고 더 정확한 생각을 받아들이기 위해서는 연습과 시간이 필요합니다. 여기서 핵심은 자기의 생각을 파헤쳐 나가는 것이고, 자신이 인지적 오류에 빠져드는 것을 알아차렸을 때 재구성된 사고를 다시 떠올리는 시간을 갖는 것입니다. 처음에는 그렇게 느낄 수 없더라도 마치 그것이 사실인 것처럼 행동하세요. 시간이 흐를수록 문제가 되는 사고 패턴을 확인하고 떨쳐 내는 것이 쉬워질 것입니다.

이제 당신의 사고에 관해 CBT 기법을 시도해 볼 차례입니다. 할 수 있는 한 최선을 다해 전략을 실천하는 것을 목표로 두세요. 새로운 기법을 배울 때는 인내심이 필요합니다. 막히면 잠시 쉬었다가 다시 돌아오고, 추가적으로 도움이 필요하다면 친구나 치료사, 또는 다른 신뢰할 수 있는 사람에게 도움을 요청해 보세요.

고통스러운 사고 재구성하기

사고: _____

정서: _____

인지적 오류: _____

사고에 대한 근거: _____

_____

_____

사고에 반하는 근거: _____

_____

_____

근거를 기반으로 하여 인지적 오류 없이 재구성된 사고: _____

_____

_____

정서: _____

_____

_____

　　활동은 어땠나요? 도움이 되었기를 바랍니다! 저는 치료 과정에서 내담자들에게 부정적인 생각이 떠오를 때 재구성된 사고 목록에 쉽게 접근할 수 있도록 목록을 휴대폰으로 찍거나 인쇄하거나 적어 두라고 이야기하곤 합니다. 당신도 이렇게 해 보고 효과가 있는지 확인해 보시길 바랍니다. 이 활동이 힘들었다고 해도 괜찮습니다. 조만간 요령을 터득하게 될 테니까요. 지금은 특정한 사고 패턴에 익숙해져 있기 때문에 CBT가 부자연스럽게 느껴질 수 있습니다. 하지만 CBT는 이러한 사고 패턴을 바꾸는 일에 관한 것입니다. 연습할수록 더 자연스럽게 느껴지기 시작할 것입니다. 이 활동을 하면서 막힐 때마다 다음 질문들을 자기 자신에게 물어보세요. 당신의 대답이 자동적 사고를 재구성하는 새로운 방법으로 당신을 이끌 것입니다.

- 한 가지 안 좋은 부분 때문에 전체적인 상황을 안 좋게 보고 있는 가?
- 비현실적이거나 완벽주의적인 기대를 하고 있는가?
- 통제할 수 없는 것에 대해 내 탓을 하고 있는가?
- 한 번 나쁜 일이 일어났다고 해서 그것이 나쁜 삶을 살게 될 운명임을 의미한다고 생각하고 있는가?
- 이 상황에서 무언가 긍정적인 면을 놓치고 있는가?
- 부정적인 의견이 긍정적인 의견보다 더 옳다고 생각하는가?
- 완벽하지 않은 것은 쓸모없다고 생각하는가?
- 다른 사람들이 나를 어떻게 생각하는지 짐작하려 하고 있는가?
- 다른 사람들의 의도를 넘겨짚고 있는가?
- 무슨 일이 일어날지 정확히 모르는데도 미래를 예측하고 있는가?
- 나쁜 일이 일어날 가능성을 과대평가하고 있는가?
- 어려운 상황에 대처하는 내 능력을 과소평가하고 있는가?
- 나 자신 혹은 다른 사람들을 낙인찍고 있는가?
- 그 상황을 다르게 설명할 수 있진 않은가?

짐이 된다고 느끼는 것에 대한 고통

이 장을 마치기 전에, 자살을 생각하는 사람들에게 공통적으로 나타나는 감정에 대해 특별히 말하고 싶은 것이 있습니다. 연구에 따르면 자살을 원하는 사람 중 대다수가 자신이 다른 사람들에게 짐이 된다고 생각합니다(Chu et al., 2017). 당신도 그런가요? 내가 떠나면 사람들이 더 행복해질 것 같은가요? 사랑하는 사람들이 당신이 없는 것이 더 낫다고 느낄 거라 생각하기 시작하면 매우 고통스러울 것입니다. 당신만 그런 감정을 느끼는 것이 아니며, 사랑하는 사람들은 당신 없이 더 잘 살 수 없다는 것을 아셨으면 좋겠습니다.

가끔은 이 사실을 자신의 삶 속에서 깨닫기가 어렵습니다. 하지만 자신을 벗어나서는 그 상황이 명백하게 보이죠. 너바나(Nirvana)의 보컬 커트 코베인(Kurt Cobain)은 유서에서 "코트니(아내), 프랜시스(딸)를 위해 살아가 줘. 그 애의 삶은 나 없이 더 행복할 테니까"라고 적었습니다. 커트의 말은 비극적이었습니다. 그가 아내와 딸이 자신 없이 더 잘 살 것이라고 느꼈다는 것이기 때문입니다. 두 번째 비극은 커트가 잘못 알고 있었다는 사실입니다. 프랜시스는 당시 두 살이었고 지금은 20대가 되었습니다. 프랜시스는 자기가 없으면 삶이 더 나아질 것이라는 아버지의 믿음에도 불구하고, 아버지를 전혀 알지 못하는 것이 얼마나 고통스러운지 이야기했습니다. 또한 남편을 잃은 코트니 러브는 남편이 죽은 후 자기가 얼마나 상처받았는지, 그리고 지금까지도 그를 얼마나 그리워하고 있는지 말했습니다. 다른 사람과 마찬가지로 커트는 불완전했고 가족을 힘들게 만드는 부분이 있었지만, 가족들은 여전히 그와 함께 있기를, 그가 그들의 삶 속에 있어 주기를 원했습니다. 그는 가족, 친구, 그리고 많은 사람에게 소중한 존재였습니다.

힘겹게 살아간다고 해서 당신이 사랑받을 수 없거나 좋은 삶을 살 가치가 없는 것은 아닙니다. 고통스러울 때는 당신이 다른 사람까지 힘들게 한다고 느낄 수 있습니다. 이렇게 느끼는 것은 당신 잘못이 아니지만, 위에서 언급한 CBT 전략을 통해 그러한 생각을 바꿀 수 있는 능력이 당신에게 있습니다. 만약 당신이 짐이 된다고 느껴진다면 다음과 같은 방법을 시도해 보세요.

- 사고 패턴을 체크하세요. 성급하게 결론을 내리거나, 긍정적인 면을 무시하거나, 당신이 없는 것이 친구와 가족에게 더 나을 것이라고 자신을 속이는 정서적 추론을 하고 있나요? 만약 그렇다면, CBT 활동지를 통해 더 연민 어린 마음으로 정확하게 재구성된 사고를 해 보세요.

- 근거를 확인하세요. 사람들이 당신에게 고마움을 느끼거나, 당신을 좋아하거나 사랑한다는 증거가 있나요? 만약 스스로 근거를 찾는 데 어려움을 겪고 있다면, 신뢰할 수 있는 사람들에게 당신이 그들의 삶에 얼마나 긍정적으로 기여하는지 물어보세요. 그들이 하는 대답을 기록해서, 짐이 될 뿐이라는 감정이 슬금슬금 생겨날 때마다 그들이 한 말을 다시 떠올려 보세요.

- 행동으로 옮기세요. 때로는 생각과 씨름하는 대신에 행동을 바꾸어 자신의 강렬한 감정에 영향을 미치는 것이 더 쉽습니다. 다른 사람에게 도움을 줄 수 있는 방법(예: 친절하게 말하기, 도움 제안하기, 자원봉사 하기, 경청하기)을 찾고, 당신이 그러한 행동을 하는 것은 곧 당신이 곁에 있는 편이 사람들에게 더 좋다는 강력한

증거라고 여기세요. 지금 당장 이러한 행동을 하기 어렵다면, 당신을 사랑하고 당신에게 고마워하는 사람들과 시간을 보내도록 노력해 보세요. 당신에게 사랑을 표현하는 사람들과 함께 있으면 부담감 같은 강력한 감정을 완화할 수 있습니다.

사람들이 자신의 삶에서 당신을 원하는 것에는 거창한 이유가 필요하지 않습니다. 당신의 존재만으로 충분합니다.

- 사람들은 견딜 수 없는 정서적 고통에서 벗어나고자 자살을 생각합니다.
- 문제 해결을 통해 상황을 바꾸거나, CBT를 통해 관점을 바꾸거나, 두 가지를 모두 바꿈으로써 정서적 고통의 강도를 줄일 수 있습니다.
- 다른 사람에게 짐이 되는 것처럼 느껴진다면, CBT 전략을 활용하여 그런 생각이나 감정을 줄이기 위한 행동을 취하도록 노력하세요.

돌아보며

이 장을 읽고 활동을 하면서 어떤 생각, 아이디어, 느낌이 떠올랐나요? 당신과 관련이 없다고 느낀 부분이 있었나요? 당신과 가장 관련이 있다고 느낀 부분은 어디였나요? 어떤 것을 배웠나요?

6장

자기 자비와 수용력 기르기

고통을 완화하기 위해 문제 해결과 CBT 전략을 시도했는데도 여전히 고통스럽다고 해서 당신에게 문제가 있다거나 당신이 잘못한 것은 아닙니다. 단지 지금 당장은 다른 종류의 대처 기술이 필요하다는 뜻입니다. 당신은 스스로 바꿀 수 없거나 적어도 빠르게 바꿀 수 없는 어려운 환경에 처해 있을 수 있습니다(예: 위험한 근무 환경, 사랑하는 아픈 사람을 돌보는 일, 자연재해). 때로는 아무리 문제를 해결하고 관점을 바꾸려고 해도 피할 수 없는 고통을 만납니다.

지난 장에서는 하비어가 가슴 아픈 이혼을 겪고 댄을 그리워한다는 것을 알게 되었습니다. 하비어가 느끼는 고통 중 이 부분만큼은 CBT에서 다루는 인지적 오류에 해당하지 않습니다. 하비어는 부부치료를 통해 문제를 해결하려고 했지만, 치료가 이혼과 뒤따르는 슬픔을 막지는 못했습니다. 이는 하비어가 자신과 감정적 경험에 대해 벗어나려고 하기보다 그것을 인정함으로써 고통을 달랠 수 있었던 상황을 보여 주는 사례입니다. 이번 장에서는 (1) 마음챙김을 통해 내면의 경험에 대한 인식을 높이는 방법, (2) 자기 자비를 기르는 방법, (3) 수용하는 힘을 기르는 방법에 대해 배울 것입니다.

인식 높이기

얼마나 자주 진정으로 지금 이 순간에 존재하나요? 마음 한구석에 해야 할 일의 목록이나 과거에 했던 대화를 반복해서 생각하거나, 미래를 걱정하는 경향이 있나요? 만약 그렇다면 현재에 완전히 집중하지 않는 대부분의 사람들과 같다고 할 수 있습니다. 우리의 뇌는 본질적으로 하루 종일 다른 것에 집중하는 경향이 있습니다. 이것 때문에 우리는 자기가 자기 자신과, 또 감정과 어떻게 연결되어 있는지 알아차리기 어려울 수 있습니다. 이번 활동은 관찰력을 길러서 당신이 자기 자신을 어떻게 대하고 있는지, 그리고 어떤 기분을 느끼고 있는지 알 수 있도록 도와줄 것입니다. 자기 자신의 생각, 정서, 행동에 대한 인식이 증가하면 상황에 가장 적합한 대처 기술을 찾는 데 도움이 됩니다.

경험에 대한 인식

타이머를 5분으로 설정하고 활동을 시작하세요. 타이머를 설정한 후, 빈칸에 생각, 감정, 신체적 감각, 그 밖에 당신이 알아차린 다른 것들을 적어 보세요. 마음이 차분해지거나, 긴장되거나, 다른 감정이 느껴지나요? 무슨 소리가 들리나요? 어떤 색이 보이나요? 근육이 긴장되거나 이완됐나요? 이 활동의 목표는 단순히 당신의 경험 가운데 일부를 알아차리는 것입니다.

- _____
- _____
- _____
- _____
- _____
- _____
- _____
- _____
- _____

활동을 마쳤나요? 잘했습니다! 목록을 채우면서 어떤 느낌을 받았나요? 집중하기가 쉬웠나요, 힘들었나요? 어떻게 느꼈든 괜찮습니다. 이 활동의 핵심은 자기 자신의 생각과 감정에 대해 집중력을 향상시키는 것이며, 이 활동을 하면서 그렇게 되었을 것이라고 생각합니다. 이는 당신이 이미 마음챙김이라는 경험을 관찰하는 기술을 연습하고 있다는 것을 의미합니다. 고생 많으셨습니다!

마음챙김 증진하기

틱낫한(Thich Nhat Hanh)은 마음챙김(Mindfulnesss)이 판단 없이 자신

의 내면 경험과 주변을 관찰하는 방법이라고 설명했습니다(Hanh, 1976). 인생에서 해결하고 싶은 고통이 있을 때, 마음챙김은 고통을 해결할 공간을 찾는 데 활용할 수 있는 좋은 도구입니다. 특히 원하지 않는 감정을 회피하고 밀어내는 것에 익숙하다면, 처음에는 마음챙김이 어려울 수 있습니다. 반복적인 연습을 통해 마음챙김 기술을 훈련할 수 있습니다. 이 책에서 마음챙김의 목표는 내면의 경험에 대한 인식을 쌓는 것이지, 모든 생각을 완전히 비우는 것이 아닙니다. 또한 마음챙김은 단절되어 있거나 무엇인가에 몰두해 있다고 느끼는 순간에 자기 자신을 안정시키는 데 유용합니다.

만약 이 주제에 대해 더 관심이 있다면 틱낫한의 『거기서 그것과 하나 되시게(The Miracle of Mindfulness)』를 참고하세요. 이 책에는 여러 가지 마음챙김 활동이 수록되어 있습니다. 아래에는 치료사로서, 그리고 제 삶에서 특히 도움이 된다고 생각하는 활동을 나열해 두었습니다. 마음챙김 기술을 쌓기 위해 각각의 활동을 시도해 보길 추천합니다. 활동을 모두 해본 후에는 나중에 사용할, 당신이 가장 좋아하는 활동을 고를 수 있습니다.

마음챙김 연습

- **호흡에 집중하기:**
  숨을 들이마시고 내쉬세요. 호흡의 속도를 바꾸려고 하지 말고, 그냥 알아차려 보세요. 생각이 마음속에 들어오면 알아차리고 가능한 한 빨리 다시 호흡에 초점을 맞추세요. 목표를 설정하고 이를 연습해 보세요(예: 호흡 열 번 또는 2분 동안). 처음에는 어렵지만, 반복적으로 연습하면 쉬워질 것입니다. 호흡에 집중하면서 알아차리는 방법은 한 번 배워 두면 다양한 상황에서 활용할 수 있다는 장점이 있습니다.

- **음악에 집중하기:**

  어떤 사람들은 호흡 명상이 너무 조용해서 어려워합니다. 이 경우에는 음악으로 하는 마음챙김을 하는 것도 좋습니다. 어떤 장르의 노래든 가사가 없는 것을 추천합니다. 음악을 들으면서 각기 다른 악기를 구별하거나, 선율이나 음량이 바뀌는 것을 알아차려 보세요. 감정이나 생각이 떠오르면 알아차리고, 다시 음악으로 마음을 돌리세요.

- **음식에 집중하기:**

  건포도로 하는 고전적인 마음챙김 활동이 있습니다. 이것도 효과가 있지만, 저는 사탕으로 하는 것을 추천합니다. 그 밖에도 다른 좋아하는 음식을 선택할 수 있습니다. 음식을 선택했으면 손 위에 올려 두고 눈으로 보세요. 주의 깊게 음식을 보지 않았던 과거에는 놓쳤던 부분을 알아차릴 수 있는지 확인해 보세요. 음식에 빛이 어떻게 반사되나요? 한 가지 색인가요, 여러 색인가요? 음식을 충분히 보았다면, 씹지 말고 입에 한 조각 넣어 보세요. 식감이 어떤가요? 무른가요, 부드러운가요, 거친가요? 씹거나 삼키고 싶은 충동을 알아차리고 행동하기 전에 잠시 기다리세요. 준비되면, 한 입 먹어 보세요. 맛에 집중해 보세요. 씹으면 씹을수록 맛이 달라지나요? 또 무엇을 알아차렸나요?

- **샤워에 집중하기:**

  이것은 일상에서 마음챙김을 할 수 있는 편리한 방법이기 때문에 제 내담자들이 많이들 즐겨 하는 활동입니다. 샤워할 때, 물의 느낌에 집중하세요. 온도는 몇 도인가요? 물의 세기는 어떤가요? 욕실 안에 김이 차오르는 것을 알아차리세요. 샤워하면서 비누, 샴푸, 수건의 향기, 질감, 그 밖의 다른 것들을 알아차리세요. 마음속에 생각이 떠오르면, 샤워하는 과정에 다시 집중하세요.

- **창조적인 활동에 집중하기:**

  어떤 사람들은 창조적 활동을 할 때 가장 인식이 높아집니다. 일반적으로 마음챙김 연습에 유용한 활동으로는 요리하기, 색칠하기, 악기 연주, 그림 그리기 등이 있습니다. 과정의 각 단계에 초점을 맞추면서 이러한 활동을 시도해 보세요.

하고 있는 일에서 마음이 벗어나면, 관심을 다시 활동으로 끌어당기는 연습을 하세요.

어떤 사람들은 마음챙김이 마음을 편안하게 한다고 생각하지만, 그렇지 않더라도 걱정하지 않아도 됩니다. 마음챙김 활동은 마음을 편안하게 하는 활동과는 다른 것으로, 경험을 바꾸기보다는 인식을 높이는 것이 목표이기 때문입니다. 당신은 생각과 감정의 관찰자로서, 과거와 다른 방식으로 자기 자신과 내면의 경험들과 관계를 맺을 수 있는 공간을 만들어 낼 수 있습니다. 당신이 관찰자가 되어 경험에서 한 발짝 물러나 바라본다면, 자신의 경험과 관계 맺는 방식에 더 큰 영향력을 미칠 수 있습니다.

자기 자비 증진하기

마음챙김 기술을 사용하여, 지금 마음속으로 말하고 있는 내용에 집중해 보세요. 자신에게 말하는 방식과 자신에 대해 생각하는 내용에 대해 무엇을 알아차렸나요? 치료사로 일하면서, 저는 타인에게는 아주 친절하고 사랑을 베풀지만 자기 자신에게는 은혜를 베풀지 않는 사람들을 만나곤 합니다. 당신도 그런가요? 만약 그렇다면, 당신의 자기 비난이 아래와 같은 경험과 관련이 있다고 생각하나요?

- 부모, 조부모 또는 당신을 가혹하게 비판한 다른 사람들과 함께 성장함
- 학대를 당했거나 위험한 관계를 맺음

- 당신을 가치 없는 사람으로 취급했던 환경에서 시간을 보냄
- 완벽주의를 고수하고 부족하면 스스로 채찍질함
- 차별, 괴롭힘, 왕따의 대상이 됨
- 실수가 용납되지 않는 스트레스가 많은 환경에서 일함
- 그냥 항상 그렇게 느껴 왔음

그 밖에 다른 일이 있었다면 빈칸에 구체적으로 작성해 보세요.

_____

_____

_____

자기 비난이 어디서 시작되었든, 연습하면 자기 자신에게 더 친절하게 다가갈 수 있습니다. 분명히 말하지만, 자기 자비를 한다는 것이 변화나 개선을 위한 노력을 그만둔다는 뜻은 아닙니다. 이것은 당신이 자기 자신을 비하하고 고통스럽게 하기보다는 목표를 향해 노력하면서 스스로 격려하고 이해하는 것을 의미합니다. 심리학자 크리스틴 네프(Kristin Neff, 2003)는 자기 자비가 "친절함을 증가시키고 자기 판단을 감소시키는, 고통스러운 시기에 자기 자신과 관계를 맺는 방법"이라고 정의합니다. 이 정의를 이야기하는 이유는 어떤 사람들은 자기 자신에게 더 잘해 주기 시작하면 야망을 잃을까 봐 두려워하기 때문입니다. 하지만 저는 수년간의 치료 현장에서 이런 일이 발생하는 것은 본 적이 없습니다.

지난 몇 주 동안 경험했던 스트레스에 대해 잠시 생각해 봅시다. 그 일이 일어났을 때 자기 자신과 어떻게 연결시켰나요? 자기를 다른 사람과 비교하면서 그들이었다면 잘 대처했을 거라고 스스로 자신에게 말했나

요? 그렇게 느낀 것이 부끄러웠나요? 만약 당신이 자기 자신에게 비판적으로 반응했다면, 그때 감정은 어땠나요? 보통 사람들은 자기 비판적일 때 스트레스가 더 심해지는데, 이는 수치심이 고통을 더하기 때문입니다. 이렇게 반응하면 기분이 나쁠 뿐 아니라 도움이 되지도 않습니다. 또한 자신감이 떨어지고 건강하지 못한 대처 전략(예: 회피)을 사용하게 되어 동기가 더 낮아집니다. 이러한 이유로, 자기 자비는 단지 자신을 '착하게' 대하는 것이 아닙니다. 이것은 자기 자신에게 솔직해짐으로써 앞으로 나아가는 건강한 길을 선택할 기회를 극대화하는 것입니다.

한 연구는 자기 자비가 정신건강 향상과 연관이 있다는 것을 보여 줍니다(Bluth & Neff, 2018). 이번 활동은 당신이 더 친절한 방식으로 자기 자신과 관계하는 법을 배우는 데 도움이 되는 몇 가지 전략을 알려 줍니다. 제 내담자 가운데 상당수가 자기 자비가 삶을 변화시키는 힘에 놀라움을 느꼈습니다. 당신도 그런 경험을 하길 바랍니다.

자기 자비 연습

- **누군가 자신을 위로한다고 상상해 보기:**
  이전에 어려울 때 당신을 도와준 적이 있는 친구나 가족을 생각해 보세요. 그 사람을 떠올렸나요? 좋습니다! 이제 그 사람이 옆에 앉아 있다고 상상해 보세요. 그 사람은 당신을 위로하기 위해 무엇을 할까요? 포옹해 줄까요? 당신의 잘못이 아니라고 할까요? 힘들다는 걸 안다고 말해 주고, 혼자 겪지 않아도 된다고 일깨워 줄까요? 당신이 이런 일을 겪고 있는 것을 안타까워하고 유감이라고 말해 줄까요? 그 사람이 당신에게 이런 말을 하는 것을 생생하게 상상해 보세요. 자신을 향해 스스로 이러한 동정 어린 말을 건네는 것은 어려울 수 있지만 다른 누군가가 이런 식으로 당신에게 이야기해 준다고 상상하는 것은 더 쉬울 수 있습니다.

- **당신과 같은 상황에 처한 친구나 사랑하는 사람을 상상해 보기:**

  그 사람을 위로하기 위해 어떻게 말할 건가요? 그 사람을 지지한다는 것을 보여주기 위해 무엇을 할 건가요? 그 사람에게 응원의 말을 담은 편지를 써 보세요. 이제 그 편지를 자기 자신에게 소리 내어 읽어 주고 어떻게 느껴지는지 살펴보세요. 고통이 좀 덜해졌나요? 그랬길 바랍니다.

- **사랑하는 사람이 보는 당신의 모습 그려 보기:**

  그 사람은 당신에게서 어떤 긍정적인 자질을 보나요? 그 사람이 당신을 볼 때 어떻게 사랑이 표현되나요? 사랑과 연민의 상징(예: 자연경관, 마음, 두 손 잡기, 포옹하는 사람들, 영적 상징)으로 둘러싸인 자신의 모습을 그림으로 그려 보세요. 그림을 얼마나 잘 그리는지는 중요하지 않습니다. 이것은 당신이 다른 방식으로 자기 자신과 관계할 수 있는 법을 찾는 것입니다. 때로는 온갖 생각으로 갇혀 있다고 느낄 때 예술적인 표현이 당신을 더 큰 자기 자비로 이끌어 줄 수 있습니다.

- **스스로에게 연민 어린 말을 큰 소리로 말해 주기:**

  때로는 말로 직접 듣는 것이 그 의미를 충분히 이해하는 데 더 도움이 됩니다. 가로막힌 것처럼 느껴질 때, 자기 자신에게 따라 말할 수 있는 몇 가지 예시가 아래에 있습니다(가장 마음에 드는 문구를 고르세요). 빈칸에는 당신만의 문구를 추가할 수 있습니다.

  - 나는 할 수 있는 최선을 다하고 있어.
  - 나는 우울할 때 사랑과 보살핌을 받을 가치가 있어.
  - 이건 내 잘못이 아니야.
  - 나는 그때 내가 아는 선에서 최선을 다했어. 완벽한 사람은 없잖아.
  - 내 감정과 경험은 다른 사람들과 똑같아 보이지 않아도 가치가 있어.
  - 내가 지금 고통스러워하는 것은 당연해. 그래도 괜찮아.

  - _____
  - _____
  - _____
  - _____

- 신체를 편안하게 하고 스킨십을 통해 자기 자비 시도하기:

  이 활동에 활용할 만한 몇 가지 아이디어는 다음과 같습니다. 부드럽게 손을 모으기, 샤워하거나 거품 목욕하기, 반려동물 쓰다듬기, 사랑하는 사람 껴안기, 가장 편한 옷 입기, 가장 좋아하는 담요로 몸을 감싸기. 자기 자신과 자신의 몸을 바라볼 때 비판과 잔인함 대신 보살핌과 친절함을 갖도록 하세요.

- 인터넷에서 버지니아 사티어(Virginia Satir)의 산문시 「나의 자존감 선언(My Declaration of Self-Esteem)」 찾아보기:

  일주일 동안 매일 소리 내어 읽는 연습을 하세요. 그것이 자기 자신을 보는 방식에 차이를 만들어 내는지 보세요.

어떻게 하면 자기 자신에게 동정 어린 위로의 말을 계속할 수 있을지 생각해 보세요. 매일 아침에 말할 건가요, 밤에 말할 건가요? 그 말들을 휴대폰 일정에 기록해서 매일 한 번씩 알림으로 울리게 하는 건 어떨까요? 그 말들을 인쇄하거나 적어서 집 안에 주기적으로 보는 장소에 붙여 둘 수도 있습니다. 자기 자비를 더 잘 실천하는 데 당신에게 효과적인 방법을 찾아보세요. 자기 자비를 기르는 행위는 어려운 시기에 반복적으로 실천하는 과정입니다. 자기를 비하하는 것에 익숙하다면 친절함을 갖고 자기 자신과 관계하기 시작하는 것이 어색하게 느껴질 수 있습니다. 시간이 지나면 더 자연스럽게 느껴지기 시작할 것입니다. 당신은 연민받을 자격이 있습니다. 할 수 있습니다!

원치 않는 감정과 상황을 받아들이는 것의 이점

"현재 우리의 정신 위생 철학은 사람들이 행복해야 하며, 불행은 부적응의 증상이라고 강조한다. 그러한 가치 체계는 불행한 것에 대한 불행으로 인해 피할 수 없는 불행의 부담이 증가하는 원인이 된다."

— 에디트 바이스코프-요엘슨 박사(Dr. Edith Weisskopf-Joelson, 1955)

이 인용문은 제 내담자들 사이에서 자주 발견한 것을 담은 문장입니다. 그들은 인생에서 어려움을 경험하고 불행하다고 느낍니다. 그 후 그들은 불행을 스트레스를 받는 상황에서 경험하는 자연스러운 반응으로 보기보다는 고쳐야 할 개인적인 결함으로 봅니다. 행복해야 한다는, 그리고 행복하지 않다면 뭔가 잘못하고 있다는 메시지는 문화, 직장, 그 밖의 환경에서 전달될 수 있습니다. 어떤 사람은 당신이 스스로의 행복에 전적으로 책임을 지고 있으며, 행복해지는 방법을 알아내지 못했다면 실패한 것이라는 메시지를 전합니다.

저는 비애, 연인과의 이별, 놓쳐 버린 기회, 친구와의 절교를 둘러싼 치료 과정에서 이 현상을 많이 봅니다. 우리가 따라야 하는 시간 선이 있어서, 슬픔에 빠져 있어도 되는 기간과 다시 움직여야 할 기간이 정해져 있다는 인식이 존재하는 것입니다. 당신이 다시 움직이지 않으면, 사람들은 당신에게 그 일에 대해 그만 생각하거나 긍정적으로 생각하려고 더 노력하라고 제안하기 시작합니다. 이런 일을 겪어 본 적이 있나요? 고통을 느끼고, 고통을 멈추려고 하기에 고통이 더 심해지며, 그 고통을 놓지 못한다는 사실 때문에 고통이 더해지는 것입니다. 이 얼마나 지독한 악순환인가요!

당신이 통제할 수 없는 상황에 놓여 있고 행복해지려고 노력하고 있다면, 이런 일이 일어나고 있다는 것을 부인하려 하는 것은 당연합니다. 당신은 과거의 상황을 마음속에 반복하면서 어떻게 하면 그 일을 막을 수 있었을지 계속해서 생각할지도 모릅니다. 현실을 직시하는 것이 어렵다면 당연히 이러한 회피와 부정 전략을 시도하겠죠. 그러나 역설적이게도 현실을 밀어내기 위한 몸부림이 오히려 고통을 가중할 수 있습니다. 과거를 마음속으로 되짚어 볼 때, 과거와는 다르게 흘러가는 상상을 하면 일시적으로 상황을 더 통제하는 느낌이 듭니다. 하지만 오랜 기간에 걸쳐, 이 과정은 당신을 더 자책하게 하며 고통스러운 감정들이 더 강하게 돌아오게 합니다. 다시 말하지만, 이 모든 것은 충분히 이해할 수 있습니다. 고통스러운 감정은 우리에게 이러한 감정들을 외면하게 하거나 그 감정들이 일어나지 않은 상황을 상상하도록 동기를 부여합니다. 특히 당신이 주변으로부터 행복해야 한다는 압박을 받고 있다면 더 그럴 것입니다. 이번 활동에서 경험을 성찰하면서 당신 안에 있는 그러한 패턴을 알아차린다면, 자기 자신에게 연민을 갖고 다가가도록 하세요.

당신의 인생을 돌아볼 때, 당신에게 일어났던 일 중 특히 불공평하다고 느껴졌던 일은 무엇이었나요? 저는 아이나 부모를 잃거나, 임신을 하지 못하거나, 안타까운 사고를 당하는 등 극도로 고통스러운 상황을 겪은 내담자들을 본 적이 있습니다. 그들은 고통 속에서 필사적으로 이유를 찾고, 때로는 자책을 하거나 벌을 받고 있다는 믿음에 빠지기도 합니다. 인간은 삶의 가장 어려운 부분까지도 이해하고 싶어 하기 때문이죠. 비극적인 상황에서 의미를 찾으려고 하는 것이 부끄러운 일은 아니지만, 이것은 자칫하면 가로막힌 느낌으로 이어질 수 있습니다. 가족 치료사인 버지니아 사티어는 "인생은 반드시 그래야 하는 이유가 있는 것이 아니에요. 그냥 그렇게 생긴 거예요. 당신이 그것에 대처하는 방식이 차이를 만드는 거예요"라고 말했습니다. 다음의 상황을 예로 들어 보겠습니다.

크리스틴이 신체검사를 받을 때, 의사가 비정상적인 검사 결과와 낮은 몸무게가 걱정된다고 했다. 크리스틴은 자기가 음식과 운동에 신경을 많이 쓴다는 것은 알고 있었지만, 그것이 건강에 부정적인 영향을 미친다는 것은 미처 알지 못했다. 의사는 크리스틴이 섭식장애인지 평가를 의뢰했고, 치료사는 섭식장애가 있다고 공식적으로 진단했다. 치료실을 나와 차에 탔을 때 크리스틴은 망연자실했다. 시동을 걸고 운전을 하자 수치심이 밀려왔다. 크리스틴은 자신의 식습관이 걷잡을 수 없이 심각해진 것에 당황했다. 과거에는 건강해지기 위해 항상 열심이었다. 이제 자기가 섭식장애가 있어서 치료를 받아야 하고 사랑하는 사람들에게 이 사실을 말해야 한다는 생각이 들자 두려워졌다. 크리스틴은 무력감과 자책감에 휩싸여 흐느끼기 시작했다.

크리스틴이 이 모든 강렬한 감정들을 경험하고 있는 것은 당연한 일입니다. 감정이 조금 진정되면, 그 감정을 어떻게 할지 결정해야 할 것입니다. 다음의 몇 가지 가운데에서 선택할 수 있습니다.

- 부인: 크리스틴은 현재의 식습관을 계속 유지하면서 의사와 치료사가 틀렸다고 자기 자신을 설득할 수 있습니다. 그녀는 굶기, 술, 또는 약물 복용을 통해 자기가 느끼는 감정을 회피하며 도움이 필요하지 않다고 자기 자신에게 말하면 됩니다. 이 방법의 단점은 신체의 손상을 포함해 부정적인 효과로 계속해서 고통받을 것이고, 미래에 더 큰 고통으로 이어질 수 있다는 것입니다.
- 자책, 자기 비판: 크리스틴은 이런 상황을 사전에 방지했어야 했고 걷잡을 수 없는 상황까지 오지 않도록 해야 했다고 자기 자신에게 말할 수 있습니다. 섭식장애에 대한 책임이 자신에게 있다고 생각

하고, 스스로 극복하는 것은 오로지 자신의 책임이라고 결정할 수 있습니다. 이 방법의 단점은 섭식장애로 고생하고 있는 상황에 더해, 끔찍한 감정을 느끼는 것과 관련한 슬픔과 수치심까지 경험해야 한다는 것입니다.

- 자기 자비, 수용: 크리스틴은 자신에게 해결해야 할 심각한 문제가 있다는 것을 인식하면서 친근하고 애정 어린 태도로 자기 자신에게 다가갈 수 있습니다. 자신을 탓하지 않고 현실을 받아들이면서 도움이 필요하다는 것을 인정할 수 있습니다. 이 방법의 좋은 점은 자신에게 친절하면서 고통의 근원을 효과적으로 줄이는 일을 할 수 있다는 것입니다. 이러한 접근은 현실과 치료의 필요성을 직면하도록 개인을 격려하면서 감정을 위한 공간을 유지할 수 있게 해 줍니다.

보다시피 크리스틴이 자신의 상황을 받아들이는 것이 회복할 수 있는 가장 좋은 기회를 주며 동시에 장기적인 고통을 줄일 수 있습니다. 때로는 자신의 삶을 내부에서 보는 것보다 외부에서 바라보는 것이 더 쉽습니다. 진실은, 과거와 현재를 수용하는 것이 고통스러운 현실을 부정하는 데서 오는 추가적인 상처와 좌절감을 덜어줄 수 있다는 것입니다. 수용을 한다고 해서 그것이 자기가 처한 상황이 괜찮다는 것을 의미하지는 않는다는 것을 꼭 기억하세요. 수용이 미래에 변화를 주고 싶지 않다는 뜻은 아닙니다. 수용은 단순히 바꿀 수 없는 상황에 대해 효과적인 접근을 하고 있다는 의미입니다. 칼 로저스(Carl Rogers)가 말했듯, "내가 있는 그대로의 나를 받아들일 때, 그때 비로소 나는 변할 수 있습니다."

수용 증진하기

마음챙김 기술을 사용해 봅시다. 앞부분을 읽으면서 어떤 감정과 생각을 알아차렸나요? 당신의 인생에서 무엇을 수용하고 싶은가요? 당신의 일기장을 꺼내서 목록을 작성해 보세요. 우리는 아직 미래가 어떻게 될지 모르기 때문에, 수용은 과거나 현재에만 초점을 맞출 수 있다는 것을 알아 두세요. 어떤 것을 골랐나요? 자신에 대한 것인가요? 다른 사람에 대한 것인가요? 지금 가지고 있는 후회에 대한 것인가요? 현재 처해 있는 상황에 대한 것인가요? 천천히 생각해 보세요. 할 수 있습니다.

이제 수용하고 싶은 것을 선택했으니, 어떻게 수용하는 힘을 기를 수 있는지 이야기해 봅시다. 사람들은 모든 방법을 동원해 수용하려고 노력합니다. 때로는 다른 사람과의 경험을 통해 수용하는 힘을 쌓습니다. 저는 학교에 다닐 때, 친구에게 우리가 아는 다른 학생들만큼 내가 활기가 넘치지 못해서 기분이 별로라고 말한 적이 있습니다. 나중에 직장 생활을 할 때도 나보다 더 활동적인 동료에게 열등감을 느낀다는 비슷한 내용의 대화를 다른 친구와 나눈 적이 있습니다. 두 번 다 친구는 저에게, "글쎄, 그냥 네가 더 많이 쉬고 휴식을 해야 하는 사람인 게 아닐까?"라는 취지의 말을 했습니다. 간단해 보이지만, 솔직히 남들과 다르다는 것에 대해 괜찮다는 생각을 해 본 적이 없습니다. 그 부분에 있어 받아들이기 힘들 때, 그 대화를 마음속으로 되새겨 봅니다. 당신은 수용하는 힘을 키우기 위해 삶에서 되돌아갈 수 있는 순간이 있나요? 그 경험에 대해 생각하거나 일기에 그런 경험을 쓰는 시간을 가져 보세요.

이 책은 당신의 삶에서 가장 적합한 도구를 찾는 데 초점을 맞추고 있습니다. 열린 마음을 가지고 여러 가지 방법을 시도해 보려는 의지를 가져 주셔서 고맙습니다. 수용을 위한 또 다른 전략은 당신이 자기 자신이나 상황을 받아들인다면 어떤 느낌일지 상상하는 것입니다. 상상하거나 상황을 받아들인 것처럼 행동하면 수용하는 일에 한 걸음 더 가까워질 수 있습니다. 수용하고 싶은 것을 당신이 선택한다는 것을 명심하세요. 그리고 도움이 되지 않는 상황에서는 이 기술을 적용할 필요가 없다는 것도요.

수용 연습

휴식을 취할 수 있는 조용한 공간을 찾아서, 자기 자신을 있는 그대로 수용하면 기분이 어떨지 상상해 보세요. 수용하는 상상으로부터 멀어지고 있는 자신을 알아차린다면, 아래 목록을 읽거나 몇 가지를 시도해 보면서 자연스럽게 다시 집중해 보세요.

- 지금 내 상황은 고통스럽다. 과거를 바꿀 수는 없지만, 상황을 받아들이려고 노력할 수는 있다.
- 수용한다는 것이 지금 내 삶이 옳다고 느낀다는 뜻은 아니다. 피하지 않고 인정한다는 뜻이다.
- 지금 내 느낌, 감정과 생각을 모두 수용한다. 그런 감정을 느낀다고 해서 내가 잘못된 것은 아니다.
- 과거를 아무리 반복해서 다시 회상해도 일어난 일은 바뀌지 않는다. 여기가 내가 있는 곳이고, 마음에 들지 않더라도 이것이 현실이라고 수용할 수 있다.
- 지금, 이 순간, 내 현실을 수용한다. 모든 부분에 대해서. 밀어내거나 통제하려고 하지 않는다.

어떤 사람은 기도하거나 성경을 읽는 것이 수용하는 힘을 높이는 데 도움이 된다고 생각합니다. 예를 들어, 제 내담자 중 몇몇은 인터넷에서 찾을 수 있는 '평온을 비는 기도(Serenity Prayer)'가 유용하다고 생각합니다. 또 어떤 사람은 수용을 장려하는 문구, 시, 가사(예: 비틀즈의 「Let It Be」)를 찾아 읽는 것이 도움이 된다고 생각합니다. 만약 당신이 자신이나 상황을 진정으로 수용하려고 한다면 어떤 행동을 취할 건가요? 그 행동들을 취해 보고, 수용하는 힘이 길러지는지 살펴보세요. 수용하는 힘을 높이는 다른 방법을 알고 있나요? 빈칸에 작성해 보세요.

- 문제 해결이나 CBT 기법이 지금 겪는 고통에 도움이 되지 않는다면, 마음 챙김, 자기 자비, 수용 활동을 시도해 보세요.
- 마음챙김 기법은 자기 자신과 상황이 어떻게 관련되는지에 대한 인식을 높여 줍니다. 반복적으로 연습하면 기법이 향상됩니다.
- 변화를 만들기 위해 노력하면서, 친절하고 친근한 방식으로 자기 자신과 관계하도록 노력하세요. 수용은 고통과 자책감을 줄여 줍니다.

돌아보며

이 장을 읽고 활동을 하면서 어떤 생각, 아이디어, 느낌이 떠올랐나요? 당신과 관련이 없다고 느낀 부분이 있었나요? 당신과 가장 관련이 있다고 느낀 부분은 어디였나요? 어떤 것을 배웠나요?

7장

희망 키우기

고통스러울 때 그 고통을 없애고 싶은 것은 지극히 당연합니다. 만약 고통이 극심하거나 오래 지속된다면, '영원히 이렇게 기분이 나쁠 것이다' 또는 '아무것도 변하지 않을 것이다'라는 생각이 들지도 모릅니다. 끔찍한 미래를 맞이할 운명이라는 믿음은 무력감을 느끼게 하고, 자살은 불행에서 벗어날 수 있는 유일한 방법처럼 보이기 시작할 것입니다. 고통스러운 삶의 상황을 경험하고 있다면 덜 아프고 싶은 욕구는 전적으로 당연하다는 것을 알려 드리고 싶습니다. 그리고, 극한의 어려움 속에서도 버텨야 하는 이유가 있다는 것을 아는 것이 중요합니다.

희망 만들기

자살 충동을 느낄 때, 도움 없이 희망을 찾는 것은 어렵습니다. 마치 한 점의 빛도 없이 어두운 곳에 갇혀 있는 것처럼 느껴질 테니까요. 이번 장은 한 줄기의 빛을 일으키는 것에 초점을 맞추고 있습니다. 이 활동은 얄고 피상적이거나 상투적인 방법으로 희망을 심어 주려는 것이 아닙니다. 그 대신, 치료와 심리학 연구를 기반으로 한 전략을 사용하여 희망의 이유를 찾기 위해 함께 작업할 것입니다.

활동들은 여러 종류의 상황을 염두에 두고 고안되었습니다. 당신은 어떤 활동이 다른 활동보다 당신의 삶과 더 직접적으로 관련된다고 느낄 것입니다. 이 활동을 모두 읽고서 지금 당장 당신에게 가장 잘 맞는 활동

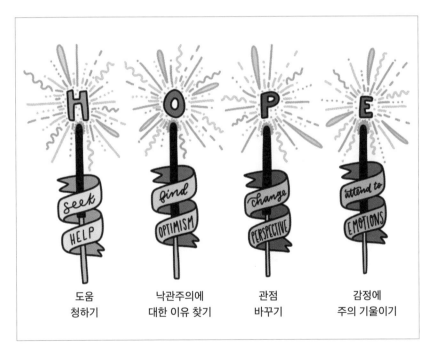

HOPE(그림: Alyse Ruriani)

에 집중하기를 추천합니다. 제시된 활동 중 어떤 활동은 노력이 덜 드는 반면, 어떤 활동은 더 깊이 있는 작업을 필요로 합니다. 현재 마음 상태와 에너지 수준에 가장 잘 맞는 활동을 해 보세요.

앞서 나온 그림 각각의 첫 글자는 희망 만들기 전략을 상징적으로 보여 줍니다. 페이지를 잘라 내서 어딘가에 올려 두거나 휴대폰으로 사진을 찍어서 필요할 때 언제든 보고 다시 떠올릴 수 있도록 만들었습니다. 색을 칠하거나, 사진을 추가하거나, 다른 어떤 거라도 해서 당신 마음에 들게 바꿔도 됩니다. 이 장은 네 영역으로 구성되어 있으며, 각각의 영역은 차례대로 HOPE의 각 글자에 해당합니다. 도움 청하기(seek Help), 낙관주의에 대한 이유 찾기(find Optimism), 관점 바꾸기(change Perspective), 감정에 주의 기울이기(attend to Emotions)가 그것입니다. 절망감을 느낄 때, 이것들을 시도해 볼 생각을 해내기가 어려울 수도 있습니다. 이 활동들은 당신이 다루기 쉬운 단계들을 차례차례 밟아 나갈 수 있도록 특별히 신경 써서 고안되었습니다.

도움 청하기

만약 자살을 고려하고 있다면, 다른 사람들에게 짐이 된다거나 세상에 혼자 남겨진 것처럼 느껴질 것입니다(Van Orden et al., 2010). 당연하게도 이런 종류의 믿음들은 주변에 도움을 요청하기 어렵게 만듭니다. 다른 누군가가 가장 필요한 시기에 고립에서 벗어나는 것이 가장 힘든 일이라는 것은 비극적입니다. 다른 사람에게 다가가는 것은 기분을 나아지게 하는 가장 강력한 방법 가운데 하나이기 때문에, 희망을 만드는 첫 번째 단계로

'도움 구하기' 활동부터 시작해 보고자 합니다. 다른 사람들의 지지는 고통, 수치심, 외로움을 줄여 줍니다.

장애물 극복하기

아래 목록에는 일반적으로 도움을 구하는 것을 방해하는 장애물이 나열되어 있습니다. 당신과 가장 관련 있는 것들에 체크하세요. 체크한 각 항목마다 그 아래에 적힌, 장애물을 극복하는 방법에 대한 제안을 읽어 보세요.

_____ **나는 늘 혼자다. 의지할 수 있는 사람이 없다.**

의도치 않게 도움을 요청할 수 있는 사람들에 대한 선택지를 배제하고 있지는 않나요? 너무 빨리 머릿속에서 지워 버렸을지도 모르는 사람들을 포함해서, 가능한 모든 사람을 떠올려 보세요. 친구, 가족, 동료, 이웃, 성직자, 의사, 치료사, 정신건강을 지지하는 동료, 자살 상담 전화, 지역 정신건강 집단을 포함할 수 있습니다. 만약 치료자와 작업하는 것이 경제적인 이유로 어렵다면, 근처에 저렴하거나 무료인 선택지가 있을지도 모릅니다(예: 대학교 심리상담소, 차등제 요금을 받는 치료자). 보통 지역 정신건강 상담 전화에 물어보면 이러한 선택지에 대해 알려 줍니다. 차등제 요금을 받는 치료자들은 대부분 자신의 웹사이트에 그 정보를 올립니다. 교회나 커뮤니티 센터 내에 위치한 정신건강 지원 단체나 사회 단체는 무료이거나 적은 비용을 받기도 합니다.

_____ **스스로 직접 해결할 수 있어야만 한다.**

스스로 문제를 해결하는 가장 효과적인 방법은 이용할 수 있는 자원을 이용하는 것입니다. 이 말인즉슨 사람들이 심각한 문제가 생겼을 때 혼자서 극복한다는 생각을 놓아버려야 한다는 것입니다. 그 대신, 사람들이 어려움을 이겨내기 위해 다른 사람들을 필요로 한다는 현실을 수용하는 데 집중하세요. 인간은 어려울 때 서로에게 기댈 수 있도록 만들어진 존재입니다. 우리 중 누구도 혼자서 모든 문제를 해결할 수 없습니다. 우리 모두 종종 도움이 필요합니다.

_____ **내가 도움을 요청한다면 그것은 내가 약하다는 것을 의미한다.**

이 말은 전혀 사실이 아닙니다. 도움을 청하는 것은 어렵고, 많은 용기가 필요합니다. 자살이 나약함과 관련된다는 것은 근거 없는 믿음입니다. 유난히 강하고 굳센 사람들이 자살 생각으로 고통에 시달립니다. 많은 사람이 타인의 도움을 받아 어려움을 헤쳐 나갑니다. 당신과 같은 상황에 있는 가까운 친구나 가족을 상상해 보세요. 당신은 그들이 도움을 요청하는 것이 약해서 그런 것이라고 생각하나요? 당신이 사랑하는 사람들에게 가진 연민을 자기 자신에게도 보일 수 있게 해보세요.

_____ **사람들에게 내 문제에 대해 이야기한다면, 그들에게 짐이 될 것이다. 또는, 내가 진짜로 어떻게 느끼는지 알게 된다면 사람들은 나를 싫어할 것이다.**

자살로 친구나 가족을 잃은 사람들은 종종 사랑하는 이가 얼마나 아픈지 알았더라면 하고 안타까워합니다. 누군가를 잃고 슬퍼하는 사람들은 그들을 도울 수 있는 거라면 어떤 것이든 도왔을 거라고 자주 말합니다. 몰랐기 때문에 지지해 주지 못했던 것이 특히나 고통스럽다고 종종 이야기하죠. 어쩌면 대부분의 사람들이 그렇다 해도 당신은 예외라고 생각하고 있을지도 모르겠습니다. 자살 충동을 느끼는 많은 사람이 똑같이 느낄 거라고 단언합니다. 당신은 사람들에게 사랑과 도움을 받을 자격이 있습니다. 한번 시도해 보세요. 만약 당신이 도움을 요청해 보았지만 다른 사람들이 당신을 어떻게 도와야 할지 모르겠다고 한다면, 부록 A를 그들에게 보여 주는 것을 고려해 보세요.

_____ **도움을 요청하더라도 그 어떤 것도 내가 나아졌다고 느끼게 하지 못할 것이다.**

특히 과거에 부정적인 경험을 한 적이 있다면, 당신이 힘든 상황에서 왜 그렇게 느끼는지 이해할 수 있습니다. 하지만 삶을 더 나아지게 만드는 방법들이 있다는 것을 알아 주길 바랍니다. 과학적 연구에서, 그리고 즐거움과 성과로 향하는 길을 만든 이의 이야기에서 그 증거를 찾을 수 있습니다. 고통에 몸부림칠 때 삶이 나아질 수 있다는 생각에 회의감을 느끼는 것은 당연합니다. 다행히, 이러한 활동을 시도하기 위해 먼저 회의적인 생각을 떨쳐 내야만 하는 것은 아닙니다. 의심을 가진 상태로 열린 마음으로 활동에 접근할 수 있습니다. 이 책을 읽고 있다는 것은 이미 당신이 그렇게 하고 있다는 것을 의미하며, 이러한 중요한 단계를 밟은 것에 대해 당신은 인정받을 자격이 있습니다.

_____ **나는 도움을 요청하는 방법을 모른다.**

때로는 당신이 힘들다는 것을 다른 사람에게 어떻게 이야기해야 할지 몰라 어려울 수 있습니다. 대화를 시작하기 위한 몇 가지 제안 사항은 다음과 같습니다.

- "요즘 기분이 우울해. 이야기 좀 나눌 수 있을까?"
- "나는 정말 불행하고, 어떻게 해야 상황을 더 좋게 만들 수 있을지 모르겠어. 방법을 생각해 낼 수 있게 도와줄 수 있을까?"
- "털어놓기가 무섭지만, 지금 힘든 시간을 보내고 있어서 누군가와 이것에 대해 이야기를 나누고 싶어."

다음 단계는 도움을 요청하기 위해 연락할 수 있는 사람이나 그룹을 나열하는 활동을 통해 도움 구하기 계획에 전념하는 것입니다. 당신의 선택이 더 현실적이고 타당할수록, 실천할 가능성은 높아질 것입니다. 필요하다면 앞에서 읽은 부분을 다시 읽으면서 앞으로 닥칠 어려움을 이겨 내시길 바랍니다. 할 수 있습니다![1]

---

1 활동지 사본은 뉴하빈저 웹사이트(www.newharbinger.com/47025)에서 다운로드 및 인쇄할 수 있습니다.

도움 청하기 계획

- 성명 혹은 기관명: _____

    연락 방법(예시: 문자, 대면, 전화, 메일):

    _____

    연락 시간(날짜, 시간):

    _____

    요청할 도움의 종류:

    _____

- 성명 혹은 기관명: _____

    연락 방법(예시: 문자, 대면, 전화, 메일):

    _____

    연락 시간(날짜, 시간):

    _____

    요청할 도움의 종류:

    _____

- 성명 혹은 기관명: _____

    연락 방법(예시: 문자, 대면, 전화, 메일):

    _____

    연락 시간(날짜, 시간):

    _____

요청할 도움의 종류:

_____

때로는 인생에서 다른 사람들이, 심지어는 한 번도 만난 적이 없는 사람들이 희망을 찾는 일에 도움을 줄 수 있습니다. 당신에게 영감을 주는 배우, 음악가, 운동선수, 작가 혹은 다른 사람이 있나요?

다른 사람에게서 영감 찾기

빈칸에 당신에게 영감을 주는 사람들의 이름을 적으세요. 그 사람들의 사진이나 기사를 찾아보세요. 사진이나 발췌한 문장을 휴대폰에 저장하거나 인쇄해서 희망을 북돋고 싶을 때마다 볼 수 있습니다.

- _____

- _____

- _____

- _____

- _____

- _____

낙관주의에 대한 이유 찾기

HOPE에서 O에 해당하는 이 영역에서는 낙관주의(Optimism)에 초점을 맞춥니다. 자살 충동을 느낄 때는 일종의 터널 시야가 나타나 미래의 밝은 부분을 보기 어려워질 수 있습니다. 여기에서는 한 줄기의 빛을 찾는 데 도움이 되는 도구를 제공합니다.

무언가 기대하기

빈칸에 크든 작든 기분이 좋을 것 같은, 다가오는 모든 사건을 작성해 보세요. 당신이 기대하는 것은 무엇인가요? 놓치기 싫은 것은 무엇인가요? 이 활동은 영원히 기분이 나아지지 않을 거라는 절망감의 기반을 서서히 무너뜨립니다. 시작하는 데 도움이 되도록 몇 가지 예시가 적혀 있습니다.

예시:

- 내가 응원하는 팀이 올해 우승할 수 있을지 알아보는 것
- 꼭 보고 싶은 새로 개봉하는 영화
- 조카가 고등학교를 졸업하는 것을 보는 것
- 가을에 단풍을 보는 것
- 아침에 제일 좋아하는 카페에서 마시는 커피 한 잔
- 읽고 있는 책에서 마지막에 어떤 일이 벌어지는지 알아내는 것
- 내년 여름에 정원 가꾸기
- 일몰
- 사촌의 결혼식 참석하기
- 여행

당신의 목록

- _____
- _____
- _____

- _____
- _____
- _____
- _____
- _____
- _____
- _____

스티븐은 45세고, 당뇨병에 걸린 아이와 부양해야 할 가족이 있어서 꾸준한 수입과 양질의 의료 보험이 가장 중요했다. 직장에서 해고되자 스티븐은 "더 이상 어떻게 할 수가 없어. 이 상황을 헤쳐 나갈 수 없을 거야"라고 생각하기 시작했다. 이 상황에서 벗어날 방법을 찾을 수가 없었고 가족을 부양하지 못하는 것에 수치심을 느꼈다. 스티븐은 자신이 없는 편이 가족에게 더 나을 거라고 생각하기 시작했다. 이러한 끔찍한 상황에서 스티븐은 자살을 고려했다.

스티븐처럼, 자살 충동을 느끼는 많은 사람은 상황을 능숙하게 헤쳐나가기 위해 필요한 용기와 능력을 아는 데 어려움을 느낍니다. 당신은 앞으로 닥칠 어려움에 대처할 수 없다고 느낄지 모릅니다. 이번 활동은 '지금은 인생이 매우 힘들지라도, 나는 감당할 수 있다'라고 믿을 수 있도록 삶 속에서 근거를 찾을 수 있는 기회입니다.

지난 경험을 통해 자신감 키우기

과거에 직면했던 어려움 중 당신이 이겨 낼 수 없을 거라고 생각했던 어려움은 무엇

인가요? (예: 애인과의 결별, 실직, 우울증, 재정적인 어려움, 의학적 문제, 다른 삶의 스트레스 원인)

_____

_____

_____

그 어려운 시기를 어떻게 헤쳐 나갔나요? 그 상황을 극복하는 데 사용한 강점, 기술, 자원을 나열해 보세요. (예: 친구에게 의지하기, 유머 감각을 잃지 않기, 문제 해결하기)

- _____
- _____
- _____
- _____
- _____
- _____
- _____

위 목록에 있는 근거들을 고려했을 때, 지금 겪는 어려움을 극복하기 위해 자기 자신에게 뭐라고 말할 수 있을까요? 시작을 돕기 위해 아래에 자기 진술의 예시가 적혀 있습니다. 빈칸에 당신의 진술을 추가하세요.
- 나는 힘든 시기를 이겨 낼 만큼 충분히 강하다.
- 나는 인생의 어려움을 대처할 수 있는 기술이 있다.
- 나는 전에 힘든 시간을 이겨 냈고, 다시 이겨 낼 수 있다.
- 지금은 불가능하게 느껴질지 모르지만, 나는 이겨 낼 수 있다.

- _____

- _____

- _____

- _____

낙관주의에 대한 더 많은 이유들

이 활동에서는 직전에 한 활동을 바탕으로 더 나아가, 미래를 낙관해도 좋을 추가 이유를 작성해 보겠습니다. 시작을 돕기 위해 몇 가지 예시를 적어 두었습니다.

- 내 인생과 세상에는 나를 도와줄 수 있는 좋은 사람들이 있다. (이름을 적으세요):

  _____

- 내 인생은 괜찮았고, 다시 좋아질 수 있다.

- 나는 미래를 예측할 수 없다. 상황이 더 나아질 수도 있다. 만약 내가 자살한다면 절대 알 수 없을 것이다.

- 나만큼 혹은 나보다도 더 고통받던 사람들이 기분이 나아져 의미 있는 삶을 살고 있다. (이름을 적으세요):

  _____

- 내 삶을 향상하는 데 도움을 줄 수 있는 자원이 있다. (예: 치료, 재정 지원):

  _____

  _____

  _____

  _____

관점 바꾸기

이 영역에서는 HOPE의 P에 해당하는 관점(Perspective)에 대해서 알아봅시다. 왜 어떤 사람들은 스트레스 원인 앞에서 절망하는 반면 다른 이들은 그렇지 않을까요? 삶의 환경(예: 재정 및 기타 자원에 대한 접근 기회), 성격 차이, 주변 환경 등이 몇 가지 요인으로 작용합니다. 한 과학적인 이론에 따르면 희망의 수준은 부정적인 사건이 그 사람과 그 사람의 인생에서 갖는 의미에 대해 그가 가진 신념에 의해 영향을 받는다고 합니다 (Abramson et al., 1989; Liu et al., 2015). 특히 사람들은 부정적인 사건을 내적(자기 자신), 전반적(이와 같은 모든 상황에 적용됨), 고정적(변하지 않음) 요인으로 귀인하면 희망을 잃게 됩니다. 예를 들어, 연인 관계의 종료에 대한 올리비아의 세 가지 다른 반응을 살펴봅시다.

알렉스는 올리비아와 3년간 연애한 끝에 이별했다. 올리비아는 이별이 갑작스럽다고 느꼈다. 알렉스는 올리비아와 여전히 친구로 지내고 싶기는 하지만, 더는 사랑하지 않는다고 설명했다.

시나리오 1: 올리비아는 알렉스와의 관계가 끝나서 슬프다. 그가 자신과 함께하고 싶게 만들려면 어떻게 행동했어야 하는지에 대한 생각을 멈출 수가 없다(내적 귀인). 올리비아에게는 알렉스의 의견이 중요했기에, 알렉스의 거절이 곧 자신이 그나 다른 어느 누구에게든 충분히 좋은 사람이 아니라는 뜻이라고 느꼈다(전반적 귀인). 올리비아는 이 관계가 종료된 것을 자신이 사랑받지 못하는 사람으로 태어났고 영원히 혼자일 것이라는 의미로 받아들였다(고정적 귀인).

시나리오 2: 올리비아는 알렉스와의 관계가 끝나서 슬프다. 알렉스가 얼마나 잘못한 것인지 생각하는 것을 멈출 수가 없다(외부 귀인). 올리비아는 이 상황이 그들 사이의 관계에 관한 것이며 자신과 자신의 삶과는 관련이 없다고 느꼈다(특정적 귀인). 올리비아는 이 관계가 종료된 것을 지금은 혼자이지만 곧 미래에 연애할 다른 누군가를 찾을 것이라는 의미로 받아들였다(유동적 귀인).

시나리오 3: 올리비아는 알렉스와의 관계가 끝나서 슬프다. 모든 사람이 그러하듯이 자신이 관계에 있어서 조금 실수를 했다는 것은 알지만, 그것이 한 인간으로서 자신에게 무언가 문제가 있다는 것을 의미하지는 않는다는 것을 안다(혼합된 내적, 외적 귀인). 올리비아는 자신의 연애 패턴을 돌아보며 개선할 방안이 있는지 시간을 가질 계획이지만, 다른 연인 관계에서는 알렉스와의 관계에서보다 더 잘할수 있을 거라고 생각한다(특정적 귀인). 올리비아는 이별의 아픔을 치유할 시간을 가질 계획이며, 미래에 다른 연인을 찾을 것이라고 긍정적으로 느낀다(유동적 귀인).

관점 바꾸기

위에서 볼 수 있듯이, 각각의 시나리오에서 똑같은 고통스러운 삶의 사건이 올리비아에게 어떤 의미였는지에 따라 각기 다른 영향을 미쳤습니다. 사람들은 스트레스를 일으키는 원인을 의도적으로 절망적인 방향으로 보는 것이 아니라, 우울증이나 다른 종류의 정신건강 문제로 어려움을 겪으면 자동적으로 사건에 대해 고정적 혹은 내적 귀인을 합니다. 좋은 소식은 이러한 귀인에 대해, 그리고 그 귀인이 당신의 관점에 어떻게 영향을 미치는지에 대해 알게 되면 그렇게 하지 않는 방법을 배울 수 있다는 것입니다. 이번 활동에서는 당신이 처한 상황을 새로운 관점으로 살펴볼 수 있는 과정을 안내합니다. 때때로 사람들은 이러한 과정이 '무작정 좋게 생각'하거나 '자신에게 거짓말을 하'는 것을 의미한다고 생각합니다. 그러나 이 활동의 핵심은 5장에서 배운 CBT처럼, 상황을 접하고 맨 처음 보이는 반응에서는 놓쳤을지도 모르는 근거를 찾음으로써 더 정확한 해석을 하기 위해 노력하는 것입니다.

내적 ────────────────▶ 외적

내적 귀인은 '모두 내 탓이다'와 같은 생각을 포함합니다. 이 활동은 외적인 요인들에 대해서도 생각해 볼 수 있도록 도와줄 것입니다. 목표는 그것이 '부분적으로 내 잘못'인 건지 아니면 '내 잘못이 아닌' 건지 확인해서 더 희망적으로 변하는 것입니다.

1. 최근 무엇으로 인해 스트레스를 받고 있나요?

   _____

2. 그 상황에 대해 당신은 몇 퍼센트(최대 100%) 정도가 당신의 탓이라고 생각하나요? 그 이유는 무엇인가요?

   • 그 상황은 _____ 퍼센트가 나의 잘못이다.
   • 그것은 (완전히 / 다소 / 전혀 중 하나에 동그라미 치세요) 나의 잘못이다. 그 이유는…(빈칸에 자세히 적으세요):

   _____

3. 그 상황에서 당신이 통제할 수 없었던 외적인 요인이 있나요? 다른 사람에게 확인해 달라고 자유롭게 도움을 요청하고 빈칸에 나열해 보세요.

   _____

4. 외적인 요인을 고려했는데도 여전히 전부 당신의 탓이라고 느껴진다면, 어떻게 하면 자기 자신에게 약간의 동정심을 보일 수 있을까요? 그 당시 당신이 할 수 있는 최선을 다했나요? 만약 친구가 당신과 같은 상황이라면, 전적으로 친구의 탓이라고 할 건가요? 왜 그렇게 하거나 그렇게 하지 않을 건가요? 다른 사람에게보다 자신에게 더 가혹한 기준을 적용하고 있지는 않나요? 그 상황에서 당신의 역할을 평가하면서 자기 자신에게 공정할 수 있도록 해 보세요.

5. 위에 적은 내용을 고려한 후, 앞에서 배운 내용을 생각하면서 질문에 다시 답해 보세요.
   - 그 상황은 _____ 퍼센트가 나의 잘못이다.
   - 그것은 (완전히 / 다소 / 전혀 중 하나에 동그라미 치세요) 나의 잘못이다. 그 이유는…(빈칸에 자세히 적으세요):

전반적 —————————————————▶ 특정적

전반적 귀인은 '이 상황은 인간으로서의 내 전반적인 가치에 대한 무언가를 의미한다' 혹은 '누군가가 이 상황에서 나를 형편없이 대한 것이 다른 모든 관계에 영향을 미칠 것이다'와 같은 믿음을 포함합니다. 이 활동은 당신의 믿음이 지나치게 일반화된 것은 아닌지 생각해 볼 수 있도록 도와줄 것입니다. '대화가 잘되지 않았지만, 그것이 내가 효과적으로 소통하지 못한다는 것을 의미하지는 않는다' 또는 '이 상황이 잘 풀리지 않았지만, 그것이 내가 아무것도 하지 못할 것임을 의미하지는 않는다'와 같은 말이 더 정확하고 희망적인 해석이 아닌지 알아보는 것이 목표입니다.

• 이 상황이 당신이라는 사람에게 어떤 의미가 있나요?

_____

_____

• 이 상황이 당신의 삶에서 일어나는 다른 상황에 대해서는 무엇을 의미하나요?

_____

_____

• 아래 질문을 통해 보다 구체적이고 덜 전반적이게 귀인할 수 있는지 살펴보세요.

  • 비슷한 상황(예: 업무, 우정, 관계, 기타 등등)에서 더 나은 결과를 얻은 적이 있었나요? 다른 상황들을 나열해 보세요.

  _____

  _____

  • 부정적인 경험에만 지나치게 집중하고 긍정적인 경험은 무시하고 있나요? 지금 떠오르는 긍정적이고 반대되는 예시를 몇 가지 적어 보세요.

  _____

  _____

  • 당신의 삶 가운데 이 스트레스 상황에 영향을 받지 않을 부분은 무엇일까요?

  _____

  _____

  • 만약 스트레스를 일으킨 원인이 삶의 다른 부분에 영향을 미친다면, 그 영향을 최대한 줄일 수 있는 방법이 있을까요? 다른 부분에 영향을 미치지 않도록 당신이 할 수 있는 일에는 무엇이 있을까요?

_____

_____

지금까지 적은 내용에 비추어서, 이 활동을 시작할 때 답했던 질문에 다시 대답해 보세요. 당신의 관점이 바뀌어서 상황에 대한 당신의 해석이 좀 더 구체적이고 덜 전반적이게(당신이라는 사람에 대해 혹은 당신의 삶에서 전반적인 의미를 갖는 것이 아니게) 바뀌었기를 바랍니다.

• 이 상황이 당신이라는 사람에게 어떤 의미가 있나요?

_____

_____

• 이 상황이 당신의 삶에서 일어나는 다른 상황에 대해서는 무엇을 의미하나요?

_____

_____

고정적 ————————————→ 유동적

'상황은 결코 나아지지 않을 것이고, 아무것도 변하지 않을 것이다'와 같은 고정적 귀인은 미래에 더 나은 삶을 살지 못할 거라는 절망감과 밀접하게 연결되어 있습니다. 이번 활동을 통해 스트레스를 일으키는 원인에 대한 해석이 고정적인 것이 아니라 변화할 수 있는 것이라는 증거를 찾아보세요. '지금은 나쁘지만 나아질 수도 있다' 혹은 '내 삶이 현실에 더 잘 맞게 개선될 수 있다'와 같은 믿음이 사실과 더 가깝지 않은지 알아보는 것이 목표입니다.

• 절대 바꿀 수 없다고 생각하는 당신의, 혹은 이 상황의 특징은 무엇인가요?

_____

_____

- 모든 것이 항상 이런 식이었다고 느껴지겠지만, 과거에 달랐던 상황을 나열해 볼 수 있나요?

  _____

  _____

- 미래의 진행 방향에 영향을 미치기 위해 사용할 수 있는 수단이 있나요? 미래의 변화 가능성을 높이기 위해 스스로 노력하거나 상황을 바꿀 수 있는 방법이 있나요?

  _____

  _____

- 당신과 상황이 정말로 변할 수 없는 것이라면, 이것들에 대해 당신이 느끼는 방식은 바꿀 수 있나요? 예를 들어, 당신과 같은 상황에서 다른 관점을 가진 사람들이 있을까요? 이전에 고통스러운 상황에서 유용한 방식으로 관점을 변화시킨 적이 있나요?

  _____

  _____

모든 질문에 대답한 뒤, 당신의 상황을 다르게 보게 되었나요? 당신의 관점이 어떻게 변화하였는지, 왜 변화하게 되었는지 일기에 적어 보는 것을 추천합니다.

감정에 주의를 기울이기

HOPE의 마지막 영역인 E, 감정(Emotion)입니다. 당신의 고통스러운 감정은 어쩌면 당신에게 욕구를 전달하고 있는 것일지도 모릅니다. 이 영역에서는 당신의 감정을 살펴보고, 어떤 종류의 반응이 통증을 완화하는 데 가장 도움이 될지 알아보겠습니다.

감정에 반응하기

1. 지금 기분이 어떤가요? 필요하다면 5장의 감정 단어 목록을 다시 살펴보세요.

   _____

2. 무엇이 그러한 감정을 불러일으켰나요? 확실하지 않더라도 괜찮습니다.

   _____

3. 당신의 감정을 인정하기 위해서 자기 자신에게 다음과 같이 이야기하는 시간을 가지세요.

   내 감정은 정당하다. 정서적 고통은 내가 결점이 있거나 나약하다는 것을 의미하지 않는다. 이것은 내가 아프고 추가적인 보살핌이 필요하다는 것을 의미한다.

4. 당신의 감정을 돌보는 것은 어떨 때는 단순히 당신의 감정을 인정하고 당신이 느끼는 대로 느껴도 괜찮다고 자기 자신에게 말하는 것을 의미하고, 어떨 때는 고통을 주는 상황을 바꾸기 위해 추가적인 조치를 취하는 것을 의미합니다. 당신은 지금 감정을 돌보기 위해 무엇을 할 수 있나요? 확신할 수 없다면, 결정을 돕기 위해 5장과 6장의 활동들을 복습하거나 이 다음 활동들을 보세요.

   _____

비극적인 영화를 보거나 슬픈 뉴스를 읽고 나서 삶이나 세상의 상황에 대해 전체적으로 기분이 더 나빴던 적이 있나요? 이는 1장의 CBT 도표에서 알 수 있듯이, 감정과 생각이 서로 영향을 주고받기 때문입니다. 앞에서 살펴본 영역인 '관점 바꾸기'는 사고를 변화시킴으로써 당신의 감정을 바꾸는 것에 초점을 맞추었습니다. 때로는 생각을 바꾸거나 기분이 나아지기 위해 감정을 목표로 삼아 다른 방향에서 접근해 보는 것이 쉬울 수 있습니다. 예를 들어, 만약 당신의 고통이 항상 이렇게 괴로울 거라고 생각한다면, 그 결과물이 절망이라는 감정인 것은 당연합니다. 마찬가지로, 절망에 빠져 있다면 절망과 관련한 생각을 할 가능성이 높습니다(항상 이렇게 괴로울 것이다).

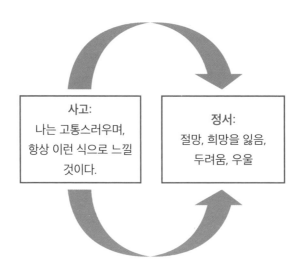

이번 활동의 목적은 감정을 고양시키는 행위에 어떤 것이 있는지 알아내는 것입니다. 당신의 감정은 절망이나 슬픔에서 조금이라도 바뀌면 희망적인 사고와 감정이 뒤따르는 경향이 있습니다.

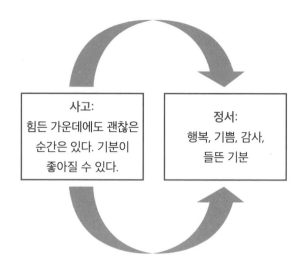

정서적 고양

아래에 적힌 정서적 고양 목록을 읽고 해 보고 싶은 것에 동그라미를 치세요(5개 이상). 당신만의 목록을 빈칸에 추가할 수도 있습니다. 어떤 것이 당신에게 가장 적합한지 알아내는 것은 과정의 일부입니다. 융통성을 가지고 시도해 보시길 바랍니다. 만약 무언가가 당신의 기분이나 태도에 부정적인 영향을 미친다면, 다른 선택지로 넘어가세요.

- 좋아하는 노래 듣기
- 즐기는 스포츠를 시청하거나 직접 하기
- 관심이 가는 풍경이 보이는 곳에 앉기(예: 바다, 호수, 거리예술, 독특한 건물)
- 기분을 좋게 해 주는 팟캐스트나 오디오북 듣기
- 평소에는 그냥 지나치던 것들을 사진으로 찍기(예: 꽃, 나무)
- 스스로에 대한 긍정적인 점 세 가지 나열하기
- 해야 할 일에 대해 목록을 만들고 완료하면서 체크하기
- 친구와 전화하기
- 주변에서 호감을 느끼는 사람 만나기

- 인생에서 가장 많이 웃었던 몇몇 순간들을 생각해 보고 그때에 대해 다시 이야기하기
- 춤추기
- 노래하기
- 종교가 있다면 종교적 활동에 참여하기(예: 명상, 기도, 경전 읽기, 성직자들과 연락하기, 종교의식에 참가하기)
- 시 쓰기
- 사람이나 동물을 돕는 자원봉사 하기
- 한동안 이야기 나누지 않았던 누군가와 근황 이야기하기
- 서점에 앉아 잡지 보기
- 유치한 인터넷 밈 찾아보기
- 잠깐이라도 운동하기
- 친구와의 공통점에 대해서 문자하기
- 행복한 기억 떠올리기
- 재미있는 영화 보기
- 좋아하는 책 읽기
- 라이브 음악 공연 보기
- 좋아하는 음식 요리하기
- 동물을 쓰다듬으며 털의 부드러움을 느껴 보기
- 사랑하는 이와 포옹하기
- 따뜻한 차나 커피 마시기
- 악기 연주하기
- 다른 사람들이 해 준 칭찬 떠올리기
- 영감을 주는 인용문이나 명언을 읽거나 말하기
- 경치 좋은 곳으로 드라이브 가기
- 자전거 타기
- 제일 좋아하는 TV 프로그램 보기

- 다음 주에 할 재밌는 활동 계획하기
- 새로 시도해 볼 요리법 찾기
- 색칠하기
- 십자말풀이 하기
- 컴퓨터 게임하기
- 가장 좋아하는 장소에 가 있는 것을 상상하기
- 예술 활동하기
- 사람들이 주었던 카드나 편지지 읽어 보기
- 졸업앨범에 사람들이 적어 준 다정한 메시지 읽기
- 박물관에 직접 가거나 가상 전시 보기
- 휴대폰에 있는 사진을 살펴보고 가장 좋아하는 사진을 고르면서 시간 보내기
- 아끼는 사람에게 편지나 카드 쓰기
- 일기 쓰기
- 가장 좋아하는 옷 입기
- 머리 손질하기
- 네일 아트 받기
- 가장 좋아하는 레스토랑에서 음식 먹기
- 새로운 것을 배우기
- 만화책 읽기
- 수영하기
- 공예품 만들기(예: 뜨개질, 스크랩북, 바느질)
- 기분이 좋아지는 노래 재생 목록 만들기
- 가장 좋아하는 것들에 대한 목록 만들기(예: 영화, 쇼, 밴드, 배우, 레스토랑, 장소)
- 집 인테리어 바꾸기. 당신을 편안하게 해 주는 새로운 조명이나 양초, 그림 마련하기
- _____
- _____

- _____
- _____
- _____

감정적인 고통 때문에 이러한 활동을 즐기기 어렵나요? 6장의 마음챙김 활동 중 일부를 활용하여 즐거운 것에 대한 집중력을 증가시킬 수 있습니다. 또한 정서적 고양을 고통을 없애는 방법으로 보기보다는 순간을 개선하기 위한 도구로 여기는 것이 도움이 됩니다. 정서적 고양의 경험은 고통스러운 동시에 즐거운 순간들도 있다는 것을 알게 해 줍니다. 즉, 더 나은 미래에 대한 희망을 가질 수 있도록 도와줍니다.

자살 생각은 더는 고통을 견딜 수 없다고 느껴서 시작되었을 수 있습니다. 자살을 생각하는 사람이 모두 자살하지 않는 이유 중 하나는 대부분 시간이 지나면서 고통의 강도가 줄어들기 때문입니다. 고통의 강도가 다시 높아진다고 해도, 고통이 줄어들 것이라는 걸 알면 그 고통을 더 잘 견딜 수 있습니다. 무기한으로 최악의 고통을 견딜 필요는 없다는 사실을 아는 것이죠. 이번 활동에 있는 표를 통해 당신의 기분을 탐색해 보면 이것이 당신의 경험과 일치하는지 알 수 있을 것입니다.

정서적 강도의 변화 추적하기

추적할 기간을 정해서 맨 윗줄에 쓰세요(구간마다 최소 15분에서 30분 정도의 차이를 두세요). 각 시점에서 경험하고 있는 고통의 강도에 ×로 표시하세요. 예시로 첫 번째 표가 작성되어 있습니다.

시간
↔

고통 수준 | T1 | T2 | T3 | T4 | T5 | T6 | T7 | T8 | T9 | T10

고통 수준	T1 8:00am	T2 8:30am	T3 9:00am	T4 9:30am	T5 10:00am	T6 10:30am	T7 11:00am	T8 11:30am	T9 12:00pm	T10 12:30pm
10	×	×								
9			×	×						
8					×					
7						×				
6							×			
5								×		
4									×	
3										×
2										
1										
0(고통 없음)										

※ 10은 상상할 수 있는 가장 심한 고통, 0은 고통 없음.

이제 당신의 표를 작성해 보세요.

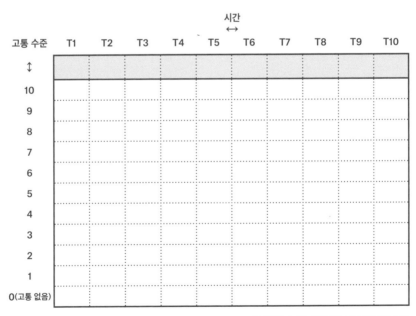

※ 10은 상상할 수 있는 가장 심한 고통, 0은 고통 없음.

기분을 추적하는 표를 만들고 나서, 견디기 힘든 고통이 감소하는 때가 있다는 것을 알게 되었기를 바랍니다. 앞으로 고통이 완화될 것임을 안다면 힘든 순간을 더 잘 견딜 수 있습니다. 무엇이 기분을 나쁘게 만드는지 혹은 좋게 만드는지 파악할 수 있다면, 감정 기복에 대비하고 대처하는 방법에 대해 새로운 아이디어도 떠오를 것입니다. 예를 들어, SNS에 접속하거나 특정한 사람과 시간을 보낸 후 기분이 나빠지거나 좋아진다는 것을 알아차린다면, 그 활동을 하는 시간을 조절할 수 있습니다. 때로는 아무런 일도 하지 않고 시간을 보내는 것만으로도 고통의 강도를 충분히 낮출 수 있습니다.[2]

절망감을 느낄 때, 삶에 대한 이유와 정신적 고통을 완화하기 위한 대처 기술을 생각해 내는 것은 어려운 일입니다. 희망 키트(희망 상자 또는 생존 키트라고도 부릅니다; Byran & Rudd, 2018; Wenzel et al., 2009)는 필요한 순간 당신을 일깨워 주는 것들을 쉽게 찾을 수 있도록 넣어 두는 공간입니다. 희망 키트는 신발 상자처럼 실제 상자 안에 있을 수도 있고, 휴대폰이나 컴퓨터 폴더 안에 있을 수도 있습니다. 휴대폰 앱 '가상 희망 상자(Virtual Hope Box)'도 있습니다(Bush et al., 2014; Denneson et al., 2019).

희망 키트 만들기

사람이나 장소를 찍은 사진, 목표 목록, 영감을 주는 인용문, 4장에서 만든 위기 계획 요약본, 노래, 시, 이 책이나 치료에서 도움이 되었던 활동의 사본, 온라인 이완 활

---

2 뉴하빈저 웹사이트(www.newharbinger.com/47025)에서 표를 다운로드 및 인쇄하여 다른 스트레스 요인에 대하여 여러 번 연습해 볼 수 있습니다.

동 링크, 건강한 대처 전략을 떠오르게 하는 것들, 그 밖에도 희망을 북돋는 것이라면 무엇이든 희망 키트에 넣으세요. 아래에는 예시와, 당신의 희망 키트에 들어갈 것을 적을 빈칸이 있습니다.

폴의 희망 키트

- 삶의 가장 큰 이유인 딸과 아내의 사진
- 영감을 주는 할아버지의 사진
- 생일 파티에서 찍은, 자신이 혼자가 아니라는 것을 일깨워 주는 친구들의 사진
- 종교적 읽을거리 중 가장 좋아하는 것
- 다가올 여행을 생각나게 하는 바다 사진
- 기분을 좋게 만드는 노래 가사
    - 르 티그레(Le Tigre)의 「Keep on Livin'」
    - 데싸(Dessa)의 「Skeleton Key」
    - 어게인스트 미(Against Me!)의 「Joy」
    - 니나 시몬(Nina Simone)의 「Feeling good」
    - 브라더 알리(Brother Ali)의 「All the Beauty in This Whole Life」
- 가장 좋아하는 블랙팬더 만화책
- 시트콤 「더 오피스(The Office)」의 웃긴 밈
- 위기 계획 요약본
- '이 또한 지나가리라'라고 적힌 스티커
- 문제 해결 단계 목록

당신의 희망 키트에는 무엇이 들어갈까요? 아래에 목록을 만드세요. 여러 가지를 시도해 보면 나한테 가장 잘 맞는 것이 무엇인지 알게 될 것입니다. 그것에 따라 희망 키트에 들어갈 내용물을 알맞게 조절하세요.

- _____
- _____

-
-
-
-
-
-
-
-
-
-

    이 장을 통해 당신은 HOPE(도움 구하기, 낙관주의에 대한 이유 찾기, 관점 바꾸기, 감정에 주의를 기울이기)의 기술을 배웠습니다. 절망감이 들고 세상이 어둡다고 느껴질 때, 한 줄기의 빛을 만들어 낼 수 있는 도구를 항상 가지고 있게 된 것이죠. 이 장이 끝난 지금까지도 여전히 희망이 없다고 느껴지더라도, 포기하지 않기를 바랍니다. 시간을 가지고 이 장의 활동을, 특히 다른 사람에게 도움을 요청하는 활동을 다시 시도해 보세요. 잠시 멈추고, 자기 자신에게 상냥하게 대하고, 희망이 자리할 수 있게 마음속에 더 많은 공간을 만드세요. 작은 방법과 사소한 순간에서 희망의 조각을 찾은 자기 자신을 자랑스러워하세요. 시간이 지남에 따라 그 작은 순간들이 모여 당신의 인생을 밝힐 것입니다.

- 사람들은 종종 삶이 나아질 것 같지 않기 때문에 인생을 끝내고 싶어 합니다.
- 도움을 구하고, 낙관적인 이유를 찾고, 관점을 바꾸고, 감정에 집중함으로써 희망을 만들어 낼 수 있습니다.
- 이번 활동들을 통해 알게 된 지식을 사용해서 절망감이 들 때 의지할 수 있는 희망 키트를 만들어 보세요.

돌아보며

이 장을 읽고 활동을 하면서 어떤 생각, 아이디어, 느낌이 떠올랐나요? 당신과 관련이 없다고 느낀 부분이 있었나요? 당신과 가장 관련이 있다고 느낀 부분은 어디였나요? 어떤 것을 배웠나요?

8장

관계 강화하기

이 장을 쓰기 위해 책상에 앉았을 때, 이모에게 전화가 걸려 왔습니다. 저는 생각했습니다. '이모가 나한테 연락을 주시다니 다정하시기도 하지, 하지만 지금은 꼭 이 책을 써야겠어.' 이모와 저는 소셜 미디어로 간간이 소식을 주고받을 뿐, 전화하거나 직접 만나는 건 1년에 몇 번 정도밖에 되지 않았기 때문에, 이모에게서 전화가 온 것은 특별한 일이었습니다. 그런데도 저는 주말 동안 시간을 들여 이 장을 써야 했기 때문에, 이모에게 다시 전화하겠다고 말했습니다. 저는 자리에 앉아서 관계 강화에 대한 개요를 훑어보았고, 집필할 준비를 했습니다. 그 순간 저는 당신에게 조언하려고 하는 것과 정확히 반대되는 행동을 하고 있다는 사실을 깨달았습니다. 건강을 이루는 중요한 요소로서 관계를 가장 우선시하세요. 사람들에게 시간을 내세요. 관계를 충분한 수면, 채소 섭취, 금연만큼 중요하게 여기세요. 사회적 연결이 우리의 행복에 얼마나 중요한지는 연구가 뒷받침하고 있는 것이므로(Holt-Lunstad et al., 2015), 저는 제 행동도 확실히 해야 겠다고 결심했습니다. 바로 이모에게 전화를 걸었고, 이모와의 전화는 저를 밝게 해 주었으며, 활기를 북돋아 주었습니다. 관계는 정신건강에 항상 중요하며, 특히 자살을 생각하고 있을 때는 더욱 중요합니다.

자신의 관계 살펴보기

제가 방금 묘사한 순간과 같이, 자신의 어떤 부분은 사람들과 연결되어 있다고 느끼지만 다른 한편으로는 사람들이 꺼려지는 순간을 겪은 적이 있나요? 누군가로부터 문자나 전화가 올 때, 다른 사람과 대화를 하면 기분이 더 나아진다는 것을 알면서도 너무 피곤하거나 바쁘거나 불안해서 연락을 받지 않은 적이 있나요? 당신의 삶에서 관계에 대해 당신이 갖는 전반적인 느낌을 되돌아보는 시간을 가져 봅시다.

- 지금 외롭나요?
- 사회적 책임에 압도된 기분이 드나요?
- 해로운 관계에서 벗어나지 못하고 있다고 느끼나요?
- 관계로 인해 삶이 풍요로워짐을 느끼나요?

아주 잘했습니다! 이렇게 현재 당신의 대인관계를 돌아보았습니다. 다음으로는 당신이 왜 그렇게 느끼는지 살펴봅시다.

- 만약 현재의 사회적 관계 상황에 만족하고 있다면, 만족하기 위해

무엇을 하고 있나요?

- 만약 현재의 사회적 관계 상황이 불만족스럽다면, 어떻게 하면 더 좋게 만들 수 있을까요?

관계를 되돌아보니 기분이 어떤가요? 현재 사회적인 지지 수준이 실망스럽다면 서운할 수도 있습니다. 어떤 사람은 원하는 만큼 친구가 많이 없을 수도 있습니다. 반면 어떤 사람은 친구가 있어도 원하는 만큼 그들과 친하지 않습니다. 당신이 그렇게 느낀다면, 자기 자신을 탓하지 마세요. 당신은 관계를 맺고 사랑받을 가치가 있다는 것을 알아 두길 바랍니다. 이러한 어려움이 한 사람으로서 당신이 갖는 가치를 반영하는 것은 아닙니다. 많은 사람이 살면서 다양한 시기를 거치면서 원하는 관계를 발전시키고 유지하는 것이 어렵다고 생각합니다.

비록 이러한 감정을 살펴보는 것이 어려울지도 모르지만, 이러한 시간을 갖는 것은 중요합니다. 외로움과 사회적 고립은 자살을 생각하는 사람들이 흔히 경험하는 것입니다(Klonsky et al., 2016; Stickley & Koyanagi, 2016; Van Orden et al., 2010). 이를 해결하는 것은 삶이 더 나아지게 하는 방법 가운데 하나입니다. 현재 외로움과 고립감을 느끼고 있다면, 이번 장에서 더 많은 지지를 받고 있다고 느낄 수 있는 방법을 찾기 위해 제가 당신과 함께할 거라는 걸 말해 주고 싶습니다. 저는 많은 내담자가 회기를 시작할 때만 하더라도 소수의 친구들과 소수의 관계만을 갖고 있는 것을 봐왔습니다. 이제부터 설명할 다음 단계들을 통해 현재 그들이 인생에서 더 많은 관계를 맺게 되었다는 사실은 정말 놀라운 일입니다. 그들이 할 수 있다면 당신도 할 수 있습니다. 저는 당신이 할 수 있다고 믿습니다.

당신이 현재 관계에 대해 느끼는 만족도가 어느 정도인지 깊이 살펴봄시다. 아래에 당신을 도와줄 활동지와 예시가 있습니다.

클로에는 늘 수줍음이 많고 내향적인 사람이었다. 클로에는 캘리포니아의 교외에서 자랐는데, 그 동네에는 좋아하는 미술, 음악, 책 등을 공유할 수 있는 친한 친구들이 최소한 서너 명은 항상 있었다. 또 요리, 제빵, 카드놀이, 영화 관람 등 많은 것을 함께한 가까운 가족이 있었다.

대학을 졸업한 후, 클로에는 새로운 일을 시작하기 위해 일리노이로 이사했다. 클로에와 남자친구는 장거리 연애를 위해 서로 노력했지만, 둘 다 힘들다고 판단하여 헤어졌다. 클로에는 주로 소셜 미디어를 통해 캘리포니아에 사는 친구들과 계속 연락했으며, 친구들을 많이 그리워했다. 그녀는 친구들과 함께했던 사진들을 보곤 했으며, 그들을 놓친 것 같아 슬펐다. 게다가 친구들은 좋아하는 일을 하는데, 클로에는 주말에 집에 있으면서 텔레비전을 보는 것이 대부분이었기 때문에 부끄러움을 느꼈다.

클로에는 친한 동료들이 있었지만, 그들은 붐비는 술집에 가는 등 클로에가 좋아하지 않는 것들을 즐기곤 했다. 친한 이웃도 몇 있었지만, 그들은 아이들과 가족과 같이 주말을 보내기 바빴다. 가끔은 이웃들이 저녁 식사에 초대했는데, 그때마다 클로에는 가지 않으려고 핑계를 대곤 했다. 클로에는 이웃들이 단지 예의상 초대한 것이며, 실제로는 클로에가 오는 것을 원하지 않는다고 느꼈다.

클로에는 외롭다고 느꼈으며 아무것도 하기 싫었다. 외로움을 느끼는 것에 대해 클로에는 자책했고, 자기한테 문제가 있다고 생각하기 시작했다. 클로에는 가족이 전화를 걸 때마다 잘 지내고 있다고 말했는데, 자신이 느끼는 우울과 슬픔이 가족들에게 부담이 되는 것을 원하지 않았기 때문이다. 클로에는 자신에게 실망했다. 학창 시절에 친구를 사귀는 것이 훨씬 쉬웠다. 클로에는 상황을 바꿀 수 없을 것 같은 무력감을 느꼈다. 하지만 변화하고 싶었기에, 아래의 활동지를 작성하기 시작했다.

현재 내 대인관계(클로에의 예시)

현재 느끼는 외로움을 0(전혀 외롭지 않다)에서 10(매우 외롭다)으로 표현한다면 어느 정도인가요?   7

외로움을 느낀다고 평가했다면, 어떤 부분에서 가장 외로움을 많이 느끼나요?
- ☑ 가까운 곳에 사는 친구
- ☐ 전반적인 친구 관계
- ☑ 연애 관계
- ☐ 가족
- ☑ 직장
- ☐ 기타 _____

덜 외로웠던 시기를 떠올려 보세요. 그 시기에는 어떤 것이 달랐나요? 그 시기에 배운 것 중에 지금 삶에 적용할 수 있는 것이 있나요?

    캘리포니아에 살 때는 가족과 대학 동기들과 가깝게 지냈다. 함께 미술관에 가거나 저녁을 먹으러 갈 사람들이 있었다. 친구들이 나와 함께하는 것을 좋아하고 내 진짜 모습을 알고 있다는 걸 알았다. 우리는 인생의 순간순간을 함께 만끽하고 있었다.

어떤 방법을 사용하면 덜 외로워질까요? 비록 나중에 그것을 하지 않기로 결정한다 하더라도, 마음에 떠오르는 모든 가능성을 고려해 보세요. 이제 브레인스토밍을 해 봅시다.

- 사람들을 만나기 위해 데이트 앱을 사용해 볼 수 있다.
- 술집에 가는 것을 좋아하진 않지만, 동료들을 따라가 볼 수 있다.
- 이웃 외에도 어떤 새로운 사람을 만날 수 있을 것 같다.
- 캘리포니아에 있는 집으로 돌아갈 수 있을지도 모른다.

이러한 변화를 일으키고자 하는 동기는 0(전혀 그렇지 않다)~10(매우 그렇다) 중 어느 정도인가요? ___7___

만약 0이 아니라면 그 이유는 무엇인가요?

나는 슬프다. 그리고 주말에는 조용한 시간을 보내는 것이 좋지만, 다른 때에 조용한 것은 싫다. 번화가에서 멋진 것을 보았을 때, 본 것을 공유할 수 있는 사람이 있었으면 좋겠다. 가끔은 주말 내내 아무도 만나지 않고 보낼 때도 있다. 나만 친구 사귀는 법을 모르는 것 같은 기분이 들어서…나한테 무슨 문제라도 있는 것처럼 느껴진다.

이러한 변화를 일으키는 것에 대해 어느 정도로 확신하는지 0(전혀 그렇지 않다)~10(매우 그렇다) 중에서 고르세요. ___3___

만약 0이 아니라면 그 이유는 무엇인가요?

한때는 친구들이 있었다. 이전에는 사람들을 사귄 적이 있다. 어쩌면 다시 그렇게 될 수도 있다. 다른 사람들도 친구를 사귀는 법을 알아냈으니까 나도 할 수 있을지 모른다.

변화하는 데 방해가 되는 것은 무엇인가요?

더 많은 사람과 어울리려고 할 때 거부당할까 봐 두렵다. 만약 사람들과 어울리기를 시도했다가 실패한다면, 기분이 더 나빠질지도 모른다. 집에 있는 가족과 친구들에게 그들과 이야기하고 싶고 보고 싶다고 말하기가 두렵다. 내가 너무 애정에 굶주렸다고 생각하거나 나를 어렵게 생각할지도 모른다. 혹은 나와 이야기하는 것보다 더 하고 싶은 일이 있을지도 모른다.

이제 클로에의 예시를 읽어 봤으니, 활동지를 채워 보세요. 외로움을 해소하기 위한 첫 번째 단계는 현재 삶을 살아가게 해 주는 자원들을 살펴보는 것입니다.

현재 내 대인관계

현재 느끼는 외로움을 0(전혀 외롭지 않다)에서 10(매우 외롭다)으로 표현한다면 어느 정도인가요? _____

외로움을 느낀다고 평가했다면, 어떤 부분에서 가장 외로움을 많이 느끼나요?

- ☐ 가까운 곳에 사는 친구
- ☐ 전반적인 친구 관계
- ☐ 연애 관계
- ☐ 가족
- ☐ 직장
- ☐ 기타 _____

덜 외로웠던 시기를 떠올려 보세요. 그 시기에는 어떤 것이 달랐나요? 그 시기에 배운 것 중에 지금 삶에 적용할 수 있는 것이 있나요?

_____

_____

_____

_____

어떤 방법을 사용하면 덜 외로워질까요? 비록 나중에 그것을 하지 않기로 결정한다 하더라도, 마음에 떠오르는 모든 가능성을 고려해 보세요.

_____

_____

_____

_____

이러한 변화를 일으키고자 하는 동기는 0(전혀 그렇지 않다)~10(매우 그렇다) 중 어느 정도인가요? _____
만약 0이 아니라면 그 이유는 무엇인가요?

_____

_____

_____

이러한 변화를 일으키는 것에 대해 어느 정도로 확신하는지 0(전혀 그렇지 않다)~10(매우 그렇다) 중에서 고르세요.
만약 0이 아니라면 그 이유는 무엇인가요?

_____

_____

_____

변화하는 데 방해가 되는 것은 무엇인가요?

_____

_____

_____

　활동을 하고 나니 어떤 기분이 드나요? 외로움의 원인과 그것을 해결할 수 있는 방법에 대해 더 명확하게 느끼게 되었기를 바랍니다. 빈칸을 채워 나가면서 외로움에 대해 생각하는 것을 피하고 싶은 욕구가 들었을지도 모릅니다. 어떤 부분은 작성하지 않고 넘어가 버렸거나, 빈칸을 대부분 채우지 못했더라도 걱정하지 마세요. 이건 어려운 작업입니다. 개의치 말고 남은 활동을 하세요. 그러다 보면 일말의 희망이 생겨, 다시 돌아와서 이 활동을 끝낼 수 있을지도 모릅니다. 또, 언제든지 추가적인 격려가 필요할 때 1장의 '자신감 끌어올리기' 목록을 다시 볼 수 있다는 것을 기억하세요. 그리고 만약 이 활동을 하면서 막히고 고통스러웠는데도 결국 한 번에(혹은 두 번째 시도 끝에) 해냈다면, 자부심을 느껴도 좋습니다. 당신은 삶을 향상시키기 위해 어려운 부분들을 멋지게 잘 해내고 있습니다. 당신의 강점과 노력을 인정하고, 제가 항상 응원하고 있다는 것을 알아 주세요!

관계를 강화하려면 어떻게 해야 할까?

　삶에서 이미 가지고 있는 관계를 강화하는 방법부터 시작해 봅시다. 사람들은 대부분 새로운 관계를 만드는 것보다 이미 가지고 있는 관계를 강화하는 것이 덜 위협적이라고 느낍니다. 클로에는 살면서 캘리포니아에 있는 가족과 친구들에게 친밀감을 느끼곤 했습니다. 몇몇 이웃들과 직장동료들과도 친하게 지내지만, 그들과는 가벼운 관계 이상으로 가까워지지 않았습니다. 클로에가 만든 목록의 예시는 아래와 같습니다.

관계 강화하기(클로에의 예시)

- 게이코(대학 친구)
- 엄마
- 에벌린(사촌)
- 서배스천(이웃)
- 브라이언(직장 동료)
- 해나(직장 동료)

관계 강화하기

당신의 삶을 들여다보세요. 어떤 관계가 강화될 가능성이 잠재되어 있을까요? 마음을 열고, 이 단계에서는 떠오르는 모든 생각을 포함하세요. 마음속에 떠오르는 친절한 사람들을 나열하세요. 거절에 대한 두려움, 친구가 될 마음이 없어 보인다는 당신의 예상, 공통의 관심사가 없어 보인다는 것 때문에 사람들을 배제하지 마세요.

- _____
- _____
- _____

- _____
- _____
- _____

단 몇 명이라도 떠올려 보았나요? 좋습니다! 다음 단계는 목록에 있는 사람들과 접촉을 늘리기 위해 몇 가지 작은 목표를 세우는 것입니다. 클로에는 엄마에게 전화를 걸어 외롭다고 말하는 것을 목표로 정했습니다. 엄마에게 적어도 일주일에 한 번은 대화하고 싶다고 말할 계획입니다. 또한 클로에는 직장동료인 해나에게 회사 근처 새로운 밥집에서 점심을 같이 먹지 않겠냐고 물어보는 것을 목표로 세웠습니다. 클로에의 계획은 (1) 현실적이고, (2) 통제할 수 있고, (3) 구체적인 행동을 포함하고 있기 때문에 한 단계 앞으로 나아가기 유용한 방법입니다.

이제 당신의 목록을 살펴봅시다. 앞으로 몇 주 동안 한두 명에게 다가가기 위해 첫 시작 목표를 정해 볼까요? 목표를 시작하기 위해 문자나 메일을 보내거나, 전화를 걸거나, 대화를 걸어 볼 수도 있습니다. 처음부터 큰 목표를 세울 필요는 없습니다. 연락을 조금 늘리는 것만으로도 연결되어 있다는 느낌이 크게 달라질 수 있기 때문입니다. 목표들을 빈칸에 적어 보세요.

대상	관계를 강화하기 위한 행동	행동을 개시할 시기

관계를 강화할 때는 작은 단계부터 시작해서 점차 큰 단계로 나아가는 것이 좋습니다. 이번 활동은 외로움을 줄이기 위한 다음 달 목표를 설정하는 것입니다. 만약 중간에 막힌다면, 일반적으로 경험하는 장애물 목록과 이를 해결하기 위한 조언이 바로 다음에 실려 있습니다. 먼저 클로에의 목록을 예시로 제시했습니다.

관계 목표(클로에의 예시)

첫째 주:
- 영상통화로 에벌린의 안부를 묻고 서로 만날 계획을 세우기
- 게이코(외향적임)에게 전화를 걸어 새로운 친구를 사귀는 것에 대해 조언 얻기

둘째 주:
- 다음번에 쿠키를 구우면 서배스천 가족에게 쿠키 가져다주기
- 이웃의 저녁 식사 초대에 응하기

셋째 주:
- 동료들이 해피 아워(붐비지 않아 술이 저렴한 시간)에 술집에 가자고 하면 같이 가보고, 즐겁지 않았다면 다음에는 내가 다른 장소를 제안하기

넷째 주:
- 브라이언과 새로운 전시회에 관한 이야기로 대화 시작해보고, 브라이언이 관심을 보이는 것 같다면 같이 가자고 제안하기

관계 목표

첫째 주:

_____

_____

둘째 주:

_____

_____

셋째 주:

_____

_____

넷째 주:

_____

_____

장애물에 맞닥뜨린다면?

활동을 하다가 중간에 막히지는 않았나요? 사람들이 사회적 지원과의 연결을 확대하기 위해 노력하다가 맞닥뜨리는 몇 가지 공통적인 장애물은 다음과 같습니다. 각각의 장애물마다 극복하기 위한 몇 가지 제안 사항이 적혀 있습니다. 관계를 강화하고자 할 때 이 제안들이 도움이 되길 바랍니다.

- 무엇을 목표로 삼아야 할지 모르겠어요.

만약 어디서부터 시작해야 할지 확신이 서질 않는다면, 아래 목록에서 행동을 선택할 수 있습니다. 앞으로 몇 주 동안 당신에게 더 적합한 목표가 생각난다면 새로운 것으로 바꾸면 됩니다. 당신에게 실용적이고 도움이 되는 방법을 선택하여 관계를 강화하기 위해 지속적으로 노력하는 것이 중요합니다. 무엇보다 가장 중요한 목표는 외로움과 사회적 고립을 줄이는 것입니다. 당신과 소통이 잘 되거나 더 잘 알고 싶다고 여겨지는 건강한 사람이 누군지 판단해 보세요. 몇 가지 가능한 선택지는 다음과 같습니다.

- 친구나 친척에게 문자를 보내서 일상에서 일어났던 일 말하기
- 당신이 찾은 흥미로운 글을 동료들과 이메일로 공유하기
- 친해지고 싶은 지인에게 커피 한잔하면 어떨지 물어보기
- 누군가에게 같이 영화를 보자고 제안하기
- 소셜 미디어를 통해 지인에게 친구 요청을 보내거나 팔로우하기
- 한동안 대화를 나누지 않았던 사람과 근황을 나누기 위해 전화할 계획 세우기
- 직장에서 동료가 잘한 일 칭찬하기
- 다음에 이웃과 마주치면 말 걸어 보기
- 동료에게 점심 같이 먹겠냐고 물어보기
- 휴게실에서 동료와 마주치면 한 주 동안 어떻게 지냈는지 물어보기
- 연락이 끊긴 친구에게 다시 연락해 보기
- 친척에게 전화해서 서로 방문할 계획 세우기
- 친척을 초대해서 함께 게임하기(온라인 또는 대면)
- 애인에게 지금까지 외로움을 느껴 왔다고 말할 계획을 세우기
- 애인과 데이트 계획 세우기

- 애인에게 매일 밤 잠들기 전에 10분 동안 그날 하루가 어땠는지 이야기할 수 있는지 물어보기
- 룸메이트와 하루 중 가장 좋았던 점과 가장 나빴던 점에 대해 서로 이야기하기
- 같은 TV 프로그램을 보는 친구에게 함께 보지 않겠냐고 물어보고 시청 후에 본 프로그램에 대해 대화 나누기
- 믿을 수 있는 친구와 가족에게 외로움으로 인한 고통에 대해 털어놓으며 판단이나 조언 없이 들어 준다면 무척 고마울 거라고 말하기
- 당신이 원하는 모습으로 사회생활을 하는 친척, 친구, 지인 중 한 사람을 선택해서 조언해 줄 수 있는지 물어보기

- 너무 불안해요.

목표를 설정했지만 너무 불안해서 수행할 수 없다면 다음을 시도해 보세요.

- 덜 두렵게 느껴지는 작은 목표부터 시작하세요(예: 동료에게 무언가를 함께 하자고 제안하기 이전에 먼저 대화를 시작하는 것). 더 쉽게 느껴지는 목표를 통해 자신감을 쌓은 후 더 도전적인 목표를 향해 나아갈 수 있습니다.
- 5장의 CBT 기법을 사용해서 자신에 대한 부정적인 생각, 다른 사람들이 당신에 대해 어떻게 생각할지에 대한 걱정, 또는 안 좋은 일이 일어나서 대처할 수 없을 것이라는 걱정은 넣어 두세요.
- 그 사람에게 하고 싶은 말을 계획한 다음 더 편안해질 때까지 말하는 연습을 하세요. 친구, 치료사와 같이 또는 혼자서 상황극을

훈련하면서 불안을 덜 수 있습니다.

- 6장을 다시 살펴보고 자기 자비와 격려로 자기 자신에게 다가가세요. 불안해하는 것은 당연합니다. 과거에 안 좋은 경험을 했을 수도 있고, 사람들과 어울리는 연습이 부족했을 수도 있습니다. 지금 드는 감정을 느껴도 괜찮습니다. 불안감을 느끼면서도 목표를 달성하기 위해 용감하게 행동할 수 있습니다. 불안하더라도 목표를 위해 노력할 수 있도록 자기 자신을 다정하게 격려하세요. 할 수 있습니다! 당신은 더 나아진 사회적 관계로부터 오는 기쁨을 누릴 자격이 있습니다.

- 거절당했어요.

우리는 대부분 거절당하는 것을 두려워합니다. 거절당하는 위험을 피하고 싶은 것은 당연합니다. 특히 누군가에게 무언가를 해 달라고 요청했는데 상대가 거절하거나 다른 방식으로 무관심을 표현할 경우에 그렇습니다. 이러한 일들이 당신에게 발생한다면, 모든 사람이 종종 거절당한다는 사실을 아는 것이 중요합니다. 이것이 당신에게 어떤 문제가 있다는 뜻은 아닙니다. 그 사람이 현재 어려운 상황을 겪고 있을 수도 있고, 당신과 잘 맞지 않을 수도 있으며, 시기가 맞지 않을 수도 있습니다. 여러 가지 이유로 설명할 수 있지만 그 가운데 어느 것도 당신이 사랑받을 수 없거나, 비호감이거나, 잘못된 일을 했다는 결론에 도달하지는 않습니다. 당신이 노력한 것에 대해 인정하세요. 이는 당신이 통제할 수 있는 것입니다. 그 사람이 어떻게 반응할지는 당신이 통제할 수 없습니다. 그다음 사람에게 무언가를 부탁하는 것이 더욱 불안할지도 모르지만, 다른 사람과 관계를 맺도록 노력하는 것이 더 중요합니다. 그걸 다음 주의 목표로 세울 수 있습니다. 만약 불안하고 이를 대처하기 위해 어떠한 도움이 필요하다면 앞부분으로 돌아가 다시 보세요.

- 계획을 방해받았어요(예: 누군가가 아프거나, 일이 너무 바쁘거나, 날씨가 나쁨).

다시 한번 말하자면, 어떤 부분은 당신이 통제할 수 없지만, 그래도 끝까지 버텨내는 자신에 대해 자부심을 느끼길 바랍니다. 이러한 유형의 상황들은 누구에게나 종종 일어납니다. 이러한 일이 일어난다고 해서 그것이 당신이 계획을 영원히 수행하지 못할 것이라는 의미는 아닙니다. 이번 주 또는 다음 주를 위한 새로운 목표를 세우세요. 이번에는 방해받는 일이 없기를 바라지만, 이 장은 문제가 해결될 때까지 계속해서 시도하는 일에 관한 것입니다. 이것이 제가 이 장의 도입부에서 이모의 전화를 받기로 결정했을 때 기뻤던 이유입니다. 그건 이모와 연결될 수 있었던 소중한 기회였기 때문이죠.

이 목표 설정 틀이 당신에게 유용하길 바랍니다. 이 책은 당신이 인생의 이러한 시기를 헤쳐 나가는 데 도움이 되는 제안과 도구들을 제공하고 있지만, 가장 중요한 지점은 활동지에 적힌 것을 그대로 따르는 것이 아니라는 것을 강조하고 싶습니다. 이 장에서 가장 중요한 점은 사회적 관계를 강화하기 위해 작은 일이라도 노력한다면 정신건강이 향상될 가능성이 매우 높다는 것입니다. 이 활동들은 당신이 건강하고 행복한 인생을 살기 위한 계획의 일부분으로서 다른 사람과의 관계를 살펴볼 수 있게 하기 위해 고안되었습니다. 우리는 지지해 주고 우정을 보여 줄 사람들이 필요합니다. 당신이 고통 속에 있을 때도 그러한 지지를 받을 자격이 있습니다.

어떻게 새로운 관계를 만들 수 있을까?

지금까지 기존에 있던 관계를 향상하기 위해 전략을 생각해 보고 목표를 세우는 것에 대해 읽어 보았습니다. 아주 좋습니다! 이제 새로운 관계를 만드는 데 집중해 봅시다. 클로에는 예술적 관심사를 공유할 수 있는 사람들과 만나고 싶다고 말했습니다. 기분이 우울할 때 완전히 새로운 관계를 맺으려면 더 많은 노력과 에너지가 필요합니다. 새로운 사람을 만나기 위해 설정하는 목표는 한 달에 한두 가지 정도로 세우기를 권하지만, 자신에게 맞는 속도를 선택하면 됩니다. 예를 들어 클로에는 미술 수업에 등록하거나 데이트 앱에 가입하여 새로운 관계를 맺는 것을 선택할 수 있습니다.

새로운 관계를 만들기 위해 설정하고 싶은 목표는 무엇인가요? 현실적이고, 구체적이며, 통제할 수 있는 것에 집중해야 한다는 것을 기억하세요. 만약 무엇을 해야 할지 잘 모르겠다면, 아래에 몇 가지 제안 사항이 있습니다. 기꺼이 시도할 마음이 드는 것을 적어도 한두 가지 골라 동그라미를 치세요.

- 관심사(예: 글쓰기, 등산, 예술, 당구, 달리기, 뜨개질, 역도, 정치, 체스) 가운데 하나를 공유하는 사람들의 모임을 공동체에서 찾아 보기
- 데이트 웹사이트나 앱에 가입하기
- 독서 모임에 가입하기
- 수업(예: 요리, 사진 찍기, 연주) 등록하기
- 카페에서 누군가와 대화 시작하기
- 종교 의식에 참석하기
- 종교적인 장소에서 하는 활동(예: 성경 공부)에 참여하기

- 운동 강좌에 참여하고, 강좌가 끝난 후에 누군가와 대화를 시작하기
- 내가 믿는 이상을 지지하는 집단에 가입하기
- 자선행사를 준비하는 단체에 자원하기
- 소셜 미디어 집단에 참여하여 토론해 보기
- 가까운 지역에 있는 만화책방이나 취미 용품점에서 밤에 모여 게임을 하며 노는 모임이 있는지 확인하기
- 혼자 콘서트에 가서 옆 사람과 이야기하기
- 지역 합창단에 참여하기
- 기분 전환을 위해 스포츠 리그나 무술 수업에 참여하기

이 가운데 다음 달에 실행할 목표로 삼을 만한 아이디어 한두 개를 발견했나요? 좋습니다!

당신은 이미 새로운 관계를 형성하기 위한 첫 번째 단계를 완료했습니다. 적어도 다음의 두 가지 이유로 이러한 것들을 수행하는 것이 힘들 수 있습니다. (1) 자기 자신에 대해 부정적으로 느껴질 때 밖으로 나가 새로운 사람들을 만나는 것은 어려울 수 있으며, (2) 우울하거나 단절된 느낌이 들 때 자신이 불안해하는 사회적 상황을 마주하기는 특히 어려울 수 있습니다.

현실적인 목표를 선택하는 일에 더해, 당신이 왜 새로운 사람을 만나는 것에 관심이 있는지 그 이유를 생각해 내는 것은 도움이 됩니다. 클로에의 경우에는 외롭고 고립되는 것을 원하지 않았습니다. 클로에는 자신의 삶이 더 많은 기쁨으로 가득하길, 그리고 사람들과 생각, 관심사, 감정들을 나누길 원했습니다. 당신이 새로운 관계를 형성하고 싶은 이유를 생각해 보세요. 동기 부여가 필요할 때 언제든지 볼 수 있도록 목록을 만들어 눈에 잘 띄는 곳(예: 전화기, 냉장고)에 두세요. 다음은 클로에의 목록

예시입니다.

새로운 사람들을 만나고 싶은 이유(클로에의 예시)

- 함께 영화를 보러 가거나, 저녁을 먹으러 갈 수 있는 누군가가 있었으면 좋겠다.
- 나와 같은 관심사를 가진 사람과 대화를 나눠 보고 싶다.
- 매일의 걱정과 생각들을 누군가와 함께 다루고 싶다.
- 연애를 하거나 적어도 몇 번의 데이트라도 하고 싶다.
- 매주 외롭고 슬픈 감정을 느끼는 것이 지긋지긋하다.
- 혼자 생각만 하기보다는 다른 사람들과 내 생각을 나눌 때 온전한 나 자신이 되는 것 같다.

새로운 사람들을 만나고 싶은 이유

- _____

- _____

- _____

- _____

- _____

- _____

- _____

장애물을 극복하도록 돕는 인지행동치료

앞서 언급한 장애물들 중 두 번째 장애물은 자신에 대해 안 좋게 느끼거나 평가받는 것에 대해 불안해할 때는 사람들과 어울리기 어렵다는 것이었습니다. 이 장애물을 다루기 위해, CBT에서 설명하는 내용을 이야기해 보겠습니다. 첫 번째는 당신이 기분이 좋지 않거나 우울하거나 불안하다면, 당신의 마음과 몸이 사람들과 어울리기를 피하거나, 멈추거나, 자기 자신을 형편없이 대하라고 말한다는 것입니다(예: 부정적인 생각, 낮은 에너지, 공황을 통해). 1장의 CBT 모형을 다시 살펴보면 생각의 변화가 행동에 영향을 줄 수 있고, 행동의 변화가 생각에 영향을 줄 수 있다는 것을 알 수 있습니다. CBT에 따르면 기분을 덜 가라앉고, 덜 우울하고, 덜 불안하게 만드는 한 가지 방법은 자신감을 가지고 활동에 임함으로써 마치 당신이 그렇게 느끼지 않는 것처럼 행동하는 것입니다.

자기 자비를 통해, 불안하고 우울한 감정은 고통스러우며, 새로운 사람을 만나는 것을 더욱 어렵게 만든다는 것을 인지하세요. 우울하고 걱정스러울 때, 기분이 나아지도록 적극적인 노력을 하는 것은 어려운 일입니다. 이것이 어렵다는 것을 인지한 후, 어찌 되었건 즐겁게 지내고 새로운 사람을 만나기 위해 (작은 것이어도 좋으니) 몇 가지 행동을 해 보세요. 그렇게 한다면 시간이 지남에 따라 기분이 좋아지고 자신감이 상승할 것입니다. 이러한 현상은 즉각적으로 나타날 수도 있지만, 때로는 시간이 걸릴 수도 있습니다. 변화가 일어날 때까지 조금만 견뎌 주세요. 제가 치료사로서 한 경험과 심리학 연구 모두, 즐거운 활동이 우울 증상을 줄이고 기분을 좋아지게 하는 경향이 있다는 것을 증명합니다(Dimidjian et al., 2006). 실제로 해 보고 결과를 느끼기 전까지는, 다들 처음에는 회의적입니다. 가장 중요한 것은 자기 자신에 대해 끈기와 인내심을 가지는 것입니다. 자신의 성장과 좌절을 위해 충분한 여지를 두면서, 목표를 향해 한 걸음 한 걸음 나아가도록 자기 자신을 격려하세요.

기억해 두어야 할 CBT의 또 다른 내용은, 사람들이 시간이 지남에 따라 그 상황에 반복적으로 노출되면서 거기에 '익숙해진다'는 것입니다. 낯선 사람들을 처음 만나는 자리에 가면 매우 불안할 수 있지만, 새로운 것을 시도할 때 그렇게 느끼는 것은 매우 자연스러운 일입니다. 선행 연구(Cuijpers et al., 2016)를 비롯해 제가 내담자들과 한 경험에 따르면, 두려움에 처음 노출되는 순간(예: 새로운 사회적 만남에 처음 참석하는 경우)에도, 그리고 두려움에 노출되는 사건과 사건 사이에도 불안은 점차 감소하는 경향이 있습니다(새로운 활동에 익숙해지면 각각의 다음 만남이 시작될 때 덜 불안해할 것입니다). 목표를 달성할 때마다 스스로 인정해 주는 것이 매우 중요합니다. 목표는 단순히 사람들과 만나는 자리에 참석하여, 불안이 (이상적으로는) 절반 이하로 줄어들 때까지 머무르는 것입니다. '완벽한' 경험을 하는 것이 목표가 아닙니다. 자기 자신을 격려하거나 좋아하는 일을 하여 스스로 보상을 주세요.

이번 장이 삶에서 관계를 강화하기 위한 도구와 전략을 얻는 데 도움이 되었기를 바랍니다. 인생에서 관계를 구축하고 강화할 때, 새로운 아이디어에 대해 유연하고 열린 마음을 갖도록 노력하세요. 관계는 삶을 더 즐겁게 만들고 스트레스를 더욱 잘 견딜 수 있게 하여 건강을 증진합니다. 이 장에서 설명한 것과 같이, 저는 고립과 자기혐오와 투쟁하면서도 반복적인 노력으로 탈출구를 찾은 많은 사람과 함께 작업해 왔습니다. 당신도 할 수 있습니다. 당신을 믿습니다!

....

- 자살을 생각하는 사람들은 종종 다른 사람들과의 관계에서 외로움을 느끼거나 불만족스러워합니다.
- 기존의 관계를 강화하고, 새로운 사람과 관계를 맺어 대인관계를 개선할 수 있습니다.
- 다른 사람들과 원하는 관계를 맺기 위해 자신의 속도를 조절하고 목표를 설정할 수 있습니다.

돌아보며 ....

이 장을 읽고 활동을 하면서 어떤 생각, 아이디어, 느낌이 떠올랐나요? 당신과 관련이 없다고 느낀 부분이 있었나요? 가장 강화하거나 만들고 싶은 관계는 무엇이며 그 이유는 무엇인가요?

9장

의미 부여하기

2장에서, 사람들은 일반적으로 자살 행동을 하지 않고 자살 생각만을 한다고 말했습니다. 사람들은 고통과 절망에 직면하더라도, 삶의 의미가 있다면 살기를 선택합니다. 당신이 이 책을 읽고 있기에, 저는 당신에게 죽고자 하는 이유와 살고자 하는 이유가 모두 있을 거라고 생각합니다. 혼란스럽게 느껴질 수도 있지만, 이러한 유형의 생각과 감정들이 공존하는 일은 흔합니다. 우리 모두 둘 중 하나에 딱 맞지 않는 복잡한 감정과 생각을 갖고 있습니다. 이번 장의 목적은 삶의 의미에 대한 당신의 감정과 생각을 이해하도록 안내하는 것입니다.

삶의 이유

자살 충동을 느낄 때는 죽고자 하는 이유만이 더 크게 떠오를 수 있습니다. 당신이 살고자 하는 이유를 명확히 하는 것은 이다음에 자살 충동을 느낄 때 살아야 하는 이유를 더 크게 떠오르게 하는 데 도움이 됩니다. 치료사로 일하면서 저는 사람들이 자기 아이가 자라는 것을 보기 위해 살고 싶다고 말하는 것을 들었습니다. 또한 자신의 미래가 어떤 모습일지 보기 위해 살고 싶다고 말하는 것도 들었습니다. 사람들은 계속해서 살아야 할 다양한 이유를 갖고 있으며, 여기에서는 당신이 살고 싶은 개인적인 이유에 대해 판단하지 않습니다.

삶의 이유에 대한 목록[1]

아래에 삶의 이유에 대한 목록이 적혀 있습니다. 47개의 서술문 중 현재 당신에게 해당하는 것에 동그라미를 치고, 목록에 없는 당신만의 삶의 이유도 추가하세요. 질문으로 된 서술문에 동그라미를 쳤다면, 질문에 답해 주세요.

생존과 대처 신념

1. 나는 살기 위해 최선을 다해 나 자신을 돌보고 있다.
2. 나는 문제를 해결할 다른 방법을 찾을 수 있다고 믿는다.
3. 나는 아직 할 일이 많이 남아 있다. (무엇이 있는지 빈칸에 나열하세요.)

---

1 마샤 리네한(Masha M. Linehan)의 『의미 있는 삶 가꾸기: 회고록(Building a Life Worth Living: A Memoir)』의 부록을 발췌. © 2020 by Dr. Marsha M. Linehan. Penguin Random House LLC의 임프린트인 Random House의 허가를 받아 사용.

_____

_____

_____

4. 나는 상황이 더 나아지고, 미래가 더 행복할 것이라는 희망을 갖고 있다.

5. 나는 인생을 마주할 용기를 갖고 있다.

6. 나는 삶이 제공하는 모든 것을 경험하고 싶고, 아직 경험하지 못한 것을 경험하고 싶다. (무엇인지 빈칸에 적어 보세요.)

_____

_____

_____

7.   나는 모든 일에는 최선의 방법이 있다고 믿는다.

8.   나는 삶의 목적과 삶의 이유를 찾을 수 있다고 믿는다.

9.   나는 삶에 대한 애정이 있다.

10. 나는 아무리 기분이 나쁘더라도 그 기분이 지속되지 않는다는 것을 알고 있다.

11. 삶을 끝내기에는 삶이 너무 아름답고 소중하다.

12. 나는 내 삶에 만족하고 행복하다.

13. 나는 미래가 어떻게 될지 궁금하다.

14. 나는 죽음을 서두를 이유가 없다고 생각한다.

15. 나는 내 문제에 적응하거나 대처하는 방법을 배울 수 있다고 믿는다.

16. 나는 자살하는 것이 그 어떤 것도 이루거나 해결해 주지 못한다는 것을 안다.

17. 나는 살고 싶은 욕구가 있다.

18. 나는 자살하기에는 너무 차분하다.

19. 나는 이행하고 싶은 앞으로의 계획이 있다. (무엇인가요?)

_____

_____

_____

_____

20. 나는 상황이 비참하거나 절망적이어서 죽는 것이 낫다고 생각하지 않는다.

21. 나는 죽고 싶지 않다.

22. 삶은 우리가 가진 전부이며 없는 것보단 낫다.

23. 나는 내 삶과 운명을 통제할 수 있다고 믿는다.

가족에 대한 책임감

24. 내가 죽는다면 가족들에게 너무나 큰 상처가 될 것이다. (누가 가장 마음이 아플
    까요? 당신이 자살로 죽는다면 그 사람은 어떤 기분일까요?)

_____

_____

_____

25. 나는 가족들이 죄책감을 느끼기를 원하지 않는다.

26. 나는 가족들이 내가 이기적이거나 겁쟁이라고 생각하기를 원하지 않는다. (자
    살 생각을 한다고 해서 이기적이거나 겁쟁이라는 의미는 아니지만, 자살을 생각
    하는 사람들이 삶의 이유를 적는 목록에 흔히 이러한 항목을 적기 때문에 저는 목
    록에 적힌 모든 항목을 포함시켰습니다.)

27. 내 가족은 나에게 의존하고 나를 필요로 한다. (누가 당신에게 의존하나요?)

_____

_____

28. 나는 가족을 너무 사랑하고 좋아하며 그들을 떠날 수 없다.

29. 내 가족이 내가 그들을 사랑하지 않았다고 생각할 수도 있다.

30. 나는 가족에 대한 책임이 있으며 헌신하고 있다.

자녀와 관련한 걱정

31. 내 자녀들에게 해로운 영향을 미칠 것이다. (자살로 죽는 것이 어떻게 자녀에게 해를 미치나요?)

_____

_____

_____

_____

32. 내 자녀를 다른 사람에게 맡기는 것은 정당하지 않다.

33. 아이들이 자라나는 모습을 지켜보고 싶다. (앞으로 가장 보고 싶은 것은 무엇인 가요? 당신이 놓치게 되는 것은 무엇인가요?)

_____

_____

_____

_____

자살에 대한 두려움

34. 자살하는 행동 자체(고통, 피, 폭력)가 두렵다.

35. 나는 겁쟁이어서 자살할 용기가 없다.

36. 나는 너무 서툴러서 내 자살 방법은 통하지 않을 것이다.

37. 내 자살 방법이 실패할까 봐 두렵다.

38. 나는 미지의 세계가 두렵다.

39. 죽는 것이 두렵다.

40. 자살을 어디서, 언제, 어떻게 할지 결정하지 못하겠다.

사회적 반감에 대한 두려움

41. 다른 사람들은 내가 나약하고 이기적이라고 생각할 것이다.

42. 사람들이 내가 내 삶 하나조차 통제하지 못했다고 생각하는 것을 원하지 않는다.

43. 다른 사람들이 나를 어떻게 생각할지 걱정된다.

도덕적인 이유로 반대

44. 나의 종교적 신념은 자살을 금지한다.

45. 오직 신만이 삶을 끝낼 권리가 있다고 믿는다.

46. 자살이 도덕적으로 옳지 않은 일이라고 생각한다.

47. 지옥에 가는 것이 두렵다.

다른 삶의 이유

* _____

* _____

* _____

* _____

이 목록을 살펴보고서 떠오르는, 현재 살아 있는 가장 큰 이유 세 가지는 무엇인가요? 빈칸에 나열해 보세요.

내가 살아가는 가장 중요한 이유

1. _____

2. _____

3. _____

다른 중요한 삶의 이유가 떠오르나요? 아래에 추가해 보세요.

- _____

- _____

- _____

- _____

의미 찾기

활동을 하면서 어떤 기분이 들었나요? 삶의 이유를 찾는 것이 어려웠나요, 쉬웠나요? 어려웠다면, 삶이 지금 공허하기 때문일지도 모릅니다. 당신이 무언가 잘못해서 그런 것은 아니라고 말해 주고 싶습니다. 그것은 단지 무엇이 당신을 만족시키는지 찾는 데 약간의 도움이 필요하다는 것을 의미합니다. 우리 모두 종종 이런 도움이 필요합니다. 사실, 사람들은 수천 년 동안 삶의 목적을 이해하기 위해 노력해 왔으며, 때때로 종교나 과학, 예술, 철학에서 그 답을 찾습니다. 이전에는 어디에서 답을 찾았나요? 과거에 찾았던 바로 그 답이 지금 당신이 의미를 찾는 데 도움이 될지도 모릅니다.

"인생의 의미는 사람마다, 매일, 그리고 매 시간마다 다르다. 그렇기 때문에 중요한 것은 일반적인 삶의 의미가 아니라 주어진 순간 한 개인이 삶에서 갖는 구체적인 의미이다."

— 빅터 프랭클(Victor Frankl), 『죽음의 수용소에서』

프랭클이 말한 이 인용문이 갖는 장점은 삶의 주어진 순간에 의미를 추구하는 기술을 배울 수 있으며, 필요로 할 때마다 그 과정을 언제든지 다시 볼 수 있다는 것입니다. 이 장은 의미 만들기 과정의 단계를 배우는 데 초점을 둡니다. 먼저, 프랭클의 배경과 그가 『죽음의 수용소에서(Man's Search for Meaning)』(1955)를 쓴 이유에 대해 설명하겠습니다. 프랭클은 나치에 의해 강제 수용소에 수감되어 극심한 정서적, 육체적 고통을 경험했습니다. 부모, 형제, 아내를 비롯해 가족이 모두 집단 학살로 사망했고, 강제 수용소에서 자살을 이야기하는 사람들에게 둘러싸여 있었습니다. 그러나 프랭클은 자기가 직면한 고통과 절망에도 불구하고 삶을 끝내지 않기로 다짐했습니다. 프랭클은 자기가 가진 특정한 삶의 목적이 어떻게 살고 싶은 이유로 연결되었는지 설명했습니다.

아우슈비츠에 도착하자, 쓰고 있던 원고를 포함해서 옷과 소지품이 모두 압수되었습니다. 어느 날 그 원고를 다시 쓰고 싶은 욕구가 프랭클을 삶으로 이끌었습니다. 석방된 후 프랭클은 목표를 완수했고, 그는 자신이 찾은 삶의 의미가 다른 사람들이 삶의 의미를 찾는 데 도움이 되었다고 말했습니다. 사람들은 프랭클이 한 것처럼 삶의 의미를 명확히 했을 때 자살 위험이 낮아지는 경향이 있습니다(Bryan et al., 2019).

이제 프랭클의 틀을 사용해서 지금 이 순간 당신의 삶이 갖는 구체적인 의미를 찾아봅시다. 그는 사람들이 (1) 작품을 만들거나 행위(행동)하는 것을 통해, (2) 경험을 통해, 또는 (3) 피할 수 없는 고통에 대한 태도를 통해 목적을 찾는다고 말했습니다. 만약 벅차게 느껴진다면, 프랭클과 3ST 모두 이 세 가지 유형의 의미 중 하나만 있으면 자살을 예방할 수 있다고 말했다는 것을 알아 두세요. 이 장을 읽고 나면, 어떤 유형이 지금 당신의 삶에 가장 적합한지 결정할 수 있고, 앞으로 당신의 삶이 변화함에 따라 이를 조정할 수 있습니다.

가치

행동은 자신의 가치와 일치할 때 가장 의미 있습니다. 이러한 가치는 삶의 과정에서 계속 변화하기 때문에, 우선순위를 확인하는 것이 항상 쉬운 일은 아닙니다. 지금 현재 자신의 삶에서 가장 중요하다고 여겨지는 가치에 초점을 맞춰 봅시다. 목록을 살펴보면서 아래에 적힌 질문에 대해 생각해 보세요.

- 내가 다른 사람에게서 존경하는 자질은 무엇인가?
- 나는 어떤 사람이 되고 싶은가?
- 다른 사람들이 나를 어떻게 보기를 바라는가?

당신에게 가장 중요한 가치에 체크하고, 목록에 빠진 가치가 있다면 빈칸에 추가하세요.

☐ 성취	☐ 재미	☐ 생산성
☐ 지지	☐ 관대함	☐ 합리성
☐ 진정성	☐ 감사	☐ 종교

☐ 아름다움	☐ 성실성	☐ 많은 자원
☐ 관용	☐ 명예	☐ 존경
☐ 연민	☐ 겸손	☐ 책임
☐ 능력	☐ 유머	☐ 준엄
☐ 용기	☐ 포용	☐ 안전
☐ 창의력	☐ 독립	☐ 감수성
☐ 비판적 사고	☐ 지성	☐ 봉사
☐ 호기심	☐ 기쁨	☐ 진실성
☐ 신뢰성	☐ 정당성	☐ 영성
☐ 품위	☐ 친절함	☐ 자발성
☐ 규율	☐ 지식	☐ 안정감
☐ 다양성	☐ 사랑	☐ 힘
☐ 교육	☐ 충성심	☐ 성공
☐ 공감	☐ 개방성	☐ 강인함
☐ 열정	☐ 낙관주의	☐ 전통
☐ 도덕성	☐ 질서	☐ 신뢰
☐ 평등	☐ 독창성	☐ 지혜
☐ 공정성	☐ 열정	☐ _____
☐ 가족	☐ 인내심	☐ _____
☐ 건강	☐ 평화	☐ _____
☐ 융통성	☐ 끈기	☐ _____
☐ 우정	☐ 인기	

고생하셨습니다. 지금까지 당신의 가치관을 생각해 보았습니다. 이 가운데 가장 중요하게 생각하는 세 가지의 가치를 선택해야 한다면, 무엇을

선택할 건가요? 이번 활동을 하면서 그 가치들이 현재 당신의 삶에 얼마나 적합한지 살펴봅시다. 자신이 가진 가치관과 일치하는 삶을 살 때, 고통에 직면하더라도 살아갈 가치가 있다는 것을 발견할 가능성이 큽니다. 이 활동은 삶의 의미를 늘리기 위해 당신이 가진 가치관과 일치하는 여러 가지 행동을 취하는 방법을 확인하는 데 도움이 될 것입니다. 예시를 같이 살펴보며 활동을 시작하겠습니다.

행동에서 의미 찾기(예시)

당신이 중요하게 생각하는 가치 중 하나를 아래에 적으세요.

지식

• 당신의 삶에서 이 가치와 일치하는 행동은 무엇인가요?

관심 있는 주제에 대한 글을 읽으려고 노력한다.

교양 프로그램을 본다.

• 추가로 이 가치와 일치하는 행동으로 할 수 있는 것에는 무엇이 있나요?

공개 강연에 참석한다.

박물관에 방문한다.

요리 수업에 참여한다.

• 이 가치를 실천하기 위해 취할 수 있는 현실적인 첫 번째 단계는 무엇일까요? 어떤 단계도 결코 사소하지 않습니다. 목표는 그저 삶의 의미를 조금 더 높이기 위해 가치에 따라 행동하는 방향으로 움직이는 것입니다.

내가 사는 도시에 있는 박물관에 어떤 전시물이 있는지 알아본다.

예시를 모두 읽었다면, 이제 당신의 가치에 초점을 맞춰 봅시다.

행동에서 의미 찾기

가장 중요한 당신의 가치를 적으세요.

_____

- 당신의 삶에서 이 가치와 일치하는 행동은 무엇인가요?

_____

_____

- 추가로 이 가치와 일치하는 행동으로 할 수 있는 것에는 무엇이 있나요?

_____

_____

- 이 가치를 실천하기 위해 취할 수 있는 현실적인 첫 번째 단계는 무엇일까요? 어떤 단계도 결코 사소하지 않습니다. 목표는 그저 삶의 의미를 조금 더 높이기 위해 가치에 따라 행동하는 방향으로 움직이는 것입니다.

_____

_____

두 번째로 중요한 가치를 적으세요.

_____

- 당신의 삶에서 이 가치와 일치하는 행동은 무엇인가요?

_____

_____

- 추가로 이 가치와 일치하는 행동으로 할 수 있는 것에는 무엇이 있나요?

- 이 가치를 실천하기 위해 취할 수 있는 현실적인 첫 번째 단계는 무엇일까요? 어떤 단계도 결코 사소하지 않습니다. 목표는 그저 삶의 의미를 조금 더 높이기 위해 가치에 따라 행동하는 방향으로 움직이는 것입니다.

세 번째로 중요한 가치를 적으세요.

- 당신의 삶에서 이 가치와 일치하는 행동은 무엇인가요?

- 추가로 이 가치와 일치하는 행동으로 할 수 있는 것에는 무엇이 있나요?

- 이 가치를 실천하기 위해 취할 수 있는 현실적인 첫 번째 단계는 무엇일까요? 어떤 단계도 결코 사소하지 않습니다. 목표는 그저 삶의 의미를 조금 더 높이기 위해 가치에 따라 행동하는 방향으로 움직이는 것입니다.

경험이 주는 의미

프랭클은 이러한 유형의 의미를 자연, 문화, 또는 다른 사람과의 애정을 통해 '선, 진실, 아름다움'을 경험하는 것으로 설명했습니다. 삶에서 변화한 경험을 되돌아볼 때 당신은 무엇이 떠오르나요? 이 가운데 당신에게 일어난 일이 있나요?

- 모든 사람 안에 존재하는 공통점을 강하게 느낄 수 있는 새로운 장소를 여행하고 보는 것
- 문화나 공동체 행사에 참여해서 삶의 엄청난 변화를 끌어내는 무언가를 배우는 것
- 반려동물이나 다른 동물과 특별한 관계를 형성하는 것
- 종교가 있다면, 기도나 예배를 통해 하나님과 더 가까워지는 것
- 아픈 사람을 돌보면서 새로운 방식으로 인간을 이해하는 것
- 영화, 책, 연극, 콘서트를 보고, 그것들이 주는 메시지로 기분이 고양되는 것
- 자연에 나가서 자신보다 더 큰 무언가와 연결되어 있다고 느끼는 것

지금 고통 속에 있다면, 이러한 유형의 의미 있는 경험을 다시 만드는 방법을 찾는 것이 어려울지도 모릅니다. 자연을 체험하거나 문화 행사에 참여하면서, 의미를 찾는 현실적인 방법에 대해 고민해 보는 시간을 갖기를 권합니다. 예를 들어 관심 있는 자선단체에서 자원봉사를 하거나, (종교가 있다면) 종교 의식에 참석하거나, 여행을 하거나, 당신의 열정이나 관심

사 가운데 하나를 나눌 수 있는 모임(예: 독서 모임, 정치 단체, 자선행사)에 가입하는 것을 고려할 수 있습니다. 이러한 유형의 경험에 대해 계획을 세우면서 기대감과 목적 의식을 가질 수 있습니다. 이러한 활동에 자신이 없다면, 더 작은 규모의 목표를 세워 보세요. 마음을 사로잡는 책을 읽거나, 삶에 영감을 주는 교양 프로그램을 보거나, 밖에 나가 짧은 산책을 하거나, 좋아하는 공예나 취미 활동을 하거나, 감동적인 노래를 들어 보세요.

경험을 통해 의미 찾기

당신이 추구하는 의미 있는 경험 다섯 가지와 언제 그것을 할 계획인지 적어 보세요.

경험	도전할 시기

관계가 주는 의미

지금까지 자연과 문화에 대한 경험을 살펴보았으니, 이제 삶에서 가장 의미 있는 관계에 대해 생각해 봅시다. 제 내담자들이 살고 싶어 한 가장 흔한 이유 중 하나는 부모님이나 아이들이 상처받는 것을 원치 않았기 때문입니다. 지금 어떤 관계에서 가장 큰 의미를 얻나요? 만약 현재 관계 속에서 의미를 찾을 수 없다면, 더 의미 있는 관계를 만들기 위해 무엇을 할 수 있을지 아래 표에 적어 보세요. 8장을 다시 보면 이 활동에 도움이 될 겁니다. 만약 당신이 의미있는 관계를 확인했지만, 그것을 더욱 의미있게 만들고 싶다면, 그렇게 하기 위해 취할 수 있는 행동을 나열해 보세요. 예를 들어 아래와 같은 것들을 할 수 있습니다.

- 그 사람의 어떤 점에 당신이 가치를 두는지 돌아보고 그것을 그 사람과 나누는 데 시간을 쏟을 수 있습니다.
- 당신이 그 관계에서 어떤 것을 고마워하는지 적어 볼 수 있습니다.
- 의사소통을 더 잘하기 위해 커플 상담을 받을 수 있습니다.
- 서로에 대해 느끼는 감정을 진실되게 이야기할 수 있습니다.
- 더 많은 대화나 더 재미있는 활동을 함께 할 계획을 세울 수 있습니다.

관계 속에서 의미 찾기

관계 행동	행동할 시기

고통의 의미

프랭클은 고통과 관련해서 당신이 할 수 있는 가장 의미 있는 행동은 고통의 원인을 제거하거나 줄이는 것이라고 말했습니다. 이러한 이유로, 5장과 6장에서는 문제 해결과 CBT, 자기 자비, 수용을 통해 고통을 줄이는 전략에 초점을 두고 있습니다. 하지만 어떤 고통은 인생에서 피할 수 없습니다. 이 책을 읽고 있다면, 당신도 이 사실을 직접 경험해서 알 것입니다. 줄일 수 없는 고통이라면, 그 경험에서 의미를 찾는 것이 목표가 됩니다.

고통 속에서 의미 찾기

당신이 경험한 고통을 떠올리면서 이 활동을 시작해 봅시다. 어떤 경험이었나요?

_____

_____

_____

_____

그 경험에서 고통을 피할 수 없었던 이유는 무엇인가요?

_____

_____

_____

그 경험에서 의미를 찾았나요? 아니면 의미를 찾기 어려웠나요?

그런 고난을 겪고 지금도 이런 고통을 겪고 있다니 정말 유감입니다. 당신이 겪은 고통의 유형을 돌이켜보면, 의미를 찾는 것이 더 쉬울 때도 있습니다.

- 고통을 겪은 후 긍정적인 결과가 뒤따랐을 때(예: 직장에서의 희생이 승진으로 이어진 경우, 항암치료로 암이 완화된 경우, 다른 사람을 배려한 뒤 관계가 향상된 경우)
- 고통받는 것이 논리적으로 이해가 갈 때(예: 실수를 했고 그 결과에 직면한 경우, 비슷한 상황에 있는 다른 사람들도 비슷한 장애물을 겪어야 한다는 것을 알고 있는 경우)

논리가 없고, 명백하게도 긍정적인 결과가 없는 것처럼 보이거나, 왜 고통을 겪어야 하는지 이유를 모르는 경우 고통에서 의미를 찾기가 더욱 어렵습니다(예: 사랑하는 사람의 갑작스러운 죽음, 폭행, 학대, 배우자의 바람, 불임, 비극적인 사고). 이러한 유형의 상황에서 의미를 찾는 것에는 더 많은 노력이 필요하다는 사실을 인정하길 바랍니다. 이러한 유형의 고통에서 아직 의미를 발견하지 못했더라도 당신의 잘못이 아닙니다. 아픔 대신 다른 방식으로 느끼려면 때로는 오랜 시간이 걸립니다. 과정을 거치는 동안 자신에게 인내심을 가지세요. 치료 과정에서 제 내담자들은 다양한 방식으로 고통의 의미를 발견합니다. 의미를 찾을 가능성이 있는 몇 가지 방법은 다음과 같습니다.

- 삶의 우선순위와 관점의 변화(예: '지금 이 순간'에 더 집중하기, 자신의 건강 돌보기)
- 삶의 다른 영역에 더 감사하기
- 다른 사람들에게 더 연민을 느끼고 덜 판단하기
- 다른 사람들이 같은 유형의 고통을 겪는 것을 방지하기 위한 단체를 구성하거나 가입하거나 기부하기
- 자신의 경험을 소모임 또는 사랑하는 사람과 공개적으로 나누며 더 큰 이해를 얻기
- 고통에서 영감을 받아 예술, 문학, 음악 창작하기
- 어려운 시간을 겪고 있는 다른 사람들을 돕는 자원봉사 하기
- 어려운 상황에 적응할 수 있는 새로운 전략 개발하기
- 새로운 통찰력 갖기
- 강한 정신력 갖기
- 더 겸손하기
- 사랑하는 사람에게 더 많은 관대함과 친절을 베풀기

- 자기 자신과 타인을 옹호하기
- 관계에서 더욱 친밀감을 느끼기
- 자기 주장과 경계 설정을 강화하기
- 다른 사람의 의견에 덜 집착하기
- 유사한 방식으로 고통받는 사람들과 새로운 관계 형성하기

예시를 읽으면서 당신에게 해당하는 항목이 있었나요? 만약 그렇지 않다면, 당신이 자신의 고통에 적용할 수 있는 다른 유형의 의미가 있을까요? 당신과 가장 관련이 있어 보이는 것을 선택해서 천천히 시작해 보세요. 그것을 어떻게 당신의 삶에 통합할 수 있을지 생각해 보고 빈칸에 작성해 보세요. 아무것도 적합한 것이 없다면 당신만의 것을 생각해 보세요. 앞서 말했듯이 자기에게 가장 적합한 방법을 찾는 것은 시간이 걸릴 수 있습니다. 시행착오가 수반되는 경우가 많습니다. 알아내는 동안 자신을 사랑하고 인내하도록 노력하세요.

고통에서 의미를 찾기 위해 노력할 수 있는 한 가지 방법:

_____

_____

의미 콜라주 만들기

이 장의 다른 부분들을 함께 묶을 수 있는, 인생을 구성하는 의미 있는 모든 요소를 물리적으로 떠올리는 의미 콜라주를 만드는 것을 추천합니다. 콜라주를 만드는 것이 즐거운 시간이자 창의력을 발휘할 수 있는 기회가 되길 바랍니다. 목표, 삶의 이

유, 가치, 삶의 의미를 대표하는 사진, 인용구, 그림, 그 밖의 다른 것들을 선택하세요. 그런 뒤 그것들을 잘라서 그림판이나 종이에 풀이나 테이프로 붙이세요. 컴퓨터로 디지털 의미 콜라주를 만들 수도 있습니다. 이 활동의 목표는 과정을 즐기고 목적에 집중하는 것입니다. 화려하거나 복잡한 콜라주일 필요는 없습니다. 만들기가 끝나면 벽에 걸어 놓거나, 지갑에 넣어 두거나, 휴대폰으로 사진을 찍거나, 다른 곳에 두어서 공허하거나 힘들 때 의미를 찾기 위해 언제든지 볼 수 있게 하세요. 디지털 콜라주를 만들었다면, 컴퓨터 바탕화면으로 설정할 수 있습니다. 이것은 죽음의 이유가 마음속에서 더 많은 공간을 차지할 때 삶의 이유를 넓힐 수 있는 확실한 방법입니다.

의미를 찾는 데 어려움을 겪을 때마다 이 장의 활동을 다시 읽을 수 있다는 것을 기억하세요. 이제 당신은 자신의 가치를 확인하고 더 많은 의미를 만드는 행동을 취할 수 있는 기술을 갖게 되었습니다. 삶의 의미를 만드는 것은 힘든 일입니다. 당신은 이 활동들을 통해 그걸 생각하는 일을 훌륭하게 해내고 있습니다! 당신이 이 장에서 배운 새로운 지식과 기술을 통해 힘을 얻었으면 좋겠습니다.

- 고통스럽고 희망이 없다고 느낄 때 목적 의식은 삶과 더 연결되어 있다고 느끼는 데 도움을 줄 수 있습니다.
- 행동, 관계, 경험, 고통에 대한 태도를 통해 의미를 만들 수 있습니다.
- 삶에서 더 많은 의미를 만들어 내는 방법은 여러 가지가 있습니다. 시작할 때는 작은 단계를 선택하세요. 더 많은 삶의 의미를 쌓아 가는 과정에서 자기 자신을 친절하게 대하세요.

돌아보며

이 장을 읽고 활동을 하면서 어떤 생각, 아이디어, 느낌이 떠올랐나요? 당신과 관련이 없다고 느낀 부분이 있었나요? 당신과 가장 관련이 있다고 느낀 부분은 어디였나요? 어떤 것을 배웠나요?

10장

안전해지기

가능하면 조용한 공간을 찾아서, 자살 충동을 가장 강하게 느꼈던 순간을 떠올려 보세요. 그때 당신의 삶에선 어떤 일이 벌어지고 있었나요? 그런 시기에 자살 충동을 느끼는 사람들이 자살을 생각하기 시작하는 것은 드문 일이 아니며, 때로는 매우 자세하게 자살을 묘사하기도 합니다. 당신은 아마 과거에 자살을 시도했던 기억, 당신의 죽음에 사람들이 반응하는 모습, 미래의 자살 계획 등을 상상할 것입니다. 어떤 사람에게는 이런 경험들이 혼란스럽고 무섭게 느껴지지만, 어떤 사람은 안도감과 해방감을 느끼기도 합니다. 자살 충동이 가장 강렬했을 때 당신의 마음은 어떤 쪽으로 기울었나요?

연구에 따르면 자살에 대한 환상은 일시적인 안도감과 기분 전환으로 이어질 수 있지만, 그렇기에 시간이 지날수록 자살 욕구를 더 강렬하게 만듭니다(Selby et al., 2007). 이 때문에 저는 고통을 극복할 수 있는 다른 선택지들을 드러내기 위해 함께 노력하는 한편, 기분이 더 나아졌으면 하는 당신의 욕구를 확실하게 확인하고, 그런 생각을 하는 사람이 당신만이 아니라는 것을 알려 주고 싶습니다. 당신의 감정과 삶은 모두 중요하기에, 이 장에서는 자살을 생각하는 그 시간 동안 당신을 신체적, 정서적으로 안전하게 만드는 것을 우선순위로 합니다. 이 장은 첫째로 신체적 안전을, 다음으로는 정서적 안전을 살펴보는 것으로 구성되어 있습니다. 자살에 대한 환상을 갖거나 자기 자신에게 해를 입히지 않으면서 그 시간을 극복하는 훈련을 알려 드리겠습니다.

과거 되돌아보기

자살 욕구가 가장 강렬했던 때를 생각해 보았을 때, 자살을 시도했던 특정한 기억이 떠올랐나요? 혹시 자살에 대한 강렬한 욕구를 느꼈지만 행동을 취하지 않았던 적이 있었나요? 그 두 사건의 차이점을 살펴봅시다. 제 내담자들은 치료 과정에서 극심한 자살 충동이 일 때 자살 시도를 할 때와 하지 않을 때의 차이를 만드는 두 가지 중요한 요인이 있다고 말했습니다. 첫째는 두려움이고(예: "자살을 생각했지만 고통이 너무 무서웠어요" 또는 "죽고 나면 무슨 일이 일어나는 건지 알 수 없었어요"), 둘째는 그 순간 자신에게 해를 입힐 수 있는 것에 접근할 수 있는지의 여부였습니다 (예: "배우자가 금고에 총을 넣어 두었는데 비밀번호를 몰랐어요" 또는 "과다 복용할 만큼 약이 많지 않았는데 가게까지 직접 갈 힘이 없었어요").

생존하려는 보호 본능

3장에서는 자살의 3단계 이론을 통해 당신이 고통과 절망 속에 있다면, 그리고 고통이 삶의 유대감보다 크게 느껴질 때 수단이 주어진다면 자살을 시도할 가능성이 높아진다는 사실을 설명했습니다. 그 배후에는 자살을 원하는 많은 사람이 고통을 피하고 죽음을 두려워하는 내재된 인간의 본능 때문에 자살을 하지 못한다는 근거가 있습니다(Van Orden et al., 2010). 그 생존 본능이 삶을 구하며 사람들이 자신의 삶을 끝내는 것을 막을 수 있습니다. 당신의 삶은 구해 낼 가치가 있습니다. 믿기 어렵다면 6장에서 했던 자기 자비를 기르는 활동 부분을 다시 읽어 보는 것도 좋습니다.

연구에 따르면 자기를 죽이는 데 사용할 수 있는 물건에 대한 접근 자체가 줄어든 안전한 환경을 조성하는 것(예: 약을 벽장에 넣고 잠그거나, 총알을 총과 따로 보관하거나, 계속해서 추락 사고가 발생하는 다리에 안전벽을 세우거나, 자해에 사용될 수 있는 물건을 제거해 버리는 것 등)이 수많은 자살을 효과적으로 예방합니다(Yip et al., 2012). 어떤 이들은 이것이 자살을 위한 다른 방법에 접근하기까지의 시간을 줄이거나 자살 충동이 가장 강렬하게 나타나는 시간을 지나가게 해 주기 때문이라고 생각합니다. 물론 어떤 사람들은 '위기에 처했을 때 총을 구할 수 없다면 자살할 다른 방법을 찾으면 되지'라고 생각합니다. 하지만 연구에서는 대다수가 각자 선호하는 자살 방법이 있으며, 가장 선호하는 방법으로 자살할 수 없다면 다른 방법으로 자살을 하지는 않을 것이라고 말합니다. 즉, 접근성이 부족하다면 자기를 해치지 않고 위기의 순간을 통과할 수 있습니다. 둘째로, 자살 충동에 시달리는 동안 총에 접근할 수 없어서 또 다른 방법을 찾기로 결심했다 해도, 두 번째로 선택한 방법이 덜 치명적일 수도 있기 때문에, 총에 대한 접근이 불가능했던 것이 여전히 누군가의 생명을 살리는 일이 될 수 있습니다. 이러한 이유로 이 장에서는 위기 상황에서 함께 노력해서 안전한 상태가 되는 것에 초점을 맞추고 있습니다.

내 위험요인 알기

자살을 생각하며 상처에 취약해지거나, 슬프거나, 두렵거나, 그 밖의 여러 복잡한 감정을 함께 느낄 때는 자기 자신을 안전하게 지키기가 어려울 수 있습니다. 자살할 수 있는 자신의 능력과 실제로 정말 중요한 순간 자살에 대한 능력을 억제하는 방법을 이해한다면, 그런 순간에 더 안전할 수 있을 것입니다. 대인관계 이론에서는 자살할 수 있는 능력을 강조하는데, 이에 기초해서 만들어진 3단계 이론에 따르면 이 능력은 3가지 종류로 나뉩니다. 첫째는 기질적인 능력으로, 고통에 대한 높은 수용력 등 선천적으로 가지고 태어난 유전적인 요소입니다. 둘째는 후천적인 능력으로, 신체적 트라우마 등 고통이나 죽음을 덜 두려워하게 만드는 삶의 경험을 말합니다. 마지막은 실용적인 능력으로, 총기 사용법을 아는 등 자살하는 방법에 대한 지식과 접근성입니다. 이러한 유형의 능력이 당신의 삶에 어떻게 적용되는지 예시를 통해 살펴봅시다.

맬컴은 대학에 들어가고서 빈곤아동을 돕는 것에 초점을 둔 사회정의에 관심이 생겼다. 농구선수이자 학생으로서 바쁜 삶이었지만 지역사회 활동을 우선순위에 두었다. 세상을 좀 더 나은 곳으로 만들기 위해 노력하는 다른 사람들과 유대감을 쌓는 것이 좋았다. 맬컴은 친구들과 함께 자기가 사는 도시에서 수많은 사람이 굶주리고 있는 지역에 공동체 정원을 만들었고, 아이들에게 과일과 채소, 꽃을 키우는 법도 가르쳤다. 시간이 지나면서 맬컴은 이 공간이 아이들에게 자신의 어려움과 고난을 털어놓게 해 아이들을 감정적으로 지원할 수 있는 기회를 준다는 것을 발견했다.

졸업을 하고 정규직 교사로 일하기 시작하면서 맬컴은 자신의 직업과 지역사회 운동 사이에서 균형을 맞추려고 애썼다. 정원에서 보내는 시간을 줄이면서 맬컴은 자기가 기여할 수 없다는 것에 죄책감을 느꼈다. 그 후 맬컴은 심한 피로로 힘들어하기 시작했다. 처음에 의사는 의학적인 문제가 있지 않을까 하는 맬컴의 걱정을 묵살하고 일을 덜 해야 한다고 말했다. 또 다른 의사는 우울증이라고 말했다. 인생에 변화를 주었는데도 기분이 나아지지 않자, 맬컴은 이전처럼 살 수 있다는 희망을 잃기 시작했다. 결국 맬컴은 지속적으로 관리해야 하는, 일생 동안 감내해야 할 질병을 진단받았다.

맬컴은 계속 가르치는 일을 하고 싶다면 정원 일과 인생의 여러 다른 일들을 줄여야 한다는 걸 알았다. 미래에 대해 수치심과 두려운 감정이 들었다. 활동적이고 아이들과 잘 어울리는 아버지가 될 수 없을까 봐 걱정이 되었다. 초반에 의학적인 문제일 가능성을 간과했던 의사에게 화가 났다. 또한 자기가 갖게 된 의학적인 문제에 대해 다른 사람들과 공유하는 것에 부끄러움을 느꼈는데, 그들이 자기를 전과 다르게 대할까 봐 걱정이 들었기 때문이다. 지난해의 잃어버린 시간, 자신이 가졌던 꿈과 열정을 희생해야 하는 미래에 직면한 맬컴은 계속해서 술을 마시기 시작했다. 술이 고통을 무디게 해 주길 바랐지만 술은 오히려 슬픔과 수치심을 더 강렬하게 만들었다.

어느 날 밤 맬컴은 생각했다. '진통제를 몽땅 삼켜버리면 이 모든 상황을 끝내 버릴 수 있을 거야.' 맬컴은 몇 분 동안 손에 약병을 들고 있다가 결국 자신을 해치지 않은 채 잠에 빠져들었다. 다음 날 아침 맬컴은 일어나서 앞으로 자기 자신을 해치지 않기 위한 안전한 환경을 조성할 방법을 생각하기 시작했다. 자살로 사촌 한 명을 잃었을 때 그 사촌이 남아 있는 모든 사람에게 얼마나 큰 상처를 주었는지 떠올렸다. 이 모든 상황에도 불구하고 여전히 꿈을 이룰 수 있는 방법을 찾을 수 있다고 생각했다. 물리적으로 안전한 환경을 조성하기 위해 맬컴은 다른 요소를 고려하고 아래의 활동지를 작성했다.

이제 맬컴의 이야기를 읽었으니, 당신의 삶에서 자살 능력이 어떤 역할을 하는지 되돌아보면서 위험요인과 안전에 필요한 것들을 더 잘 이해할 수 있도록 해 봅시다. 물론 삶의 이러한 측면을 생각하는 것은 고통스러울 수 있습니다. 시간을 충분히 갖고, 필요에 따라 휴식을 취하며, 막히면 다른 사람에게 도움을 요청하길 바랍니다.

자살실행력(맬컴의 예시)

기질적 능력

고통에 대한 수용력이 높나요?

그렇다. 부모님이 그러셨는데 어렸을 때도 내가 다쳤을 때 울거나 화를 내지 않았다고 한다. 자해로 인한 고통이 무섭지 않다.

죽음에 대한 두려움이 얼마나 강한가요?

죽은 후에 무슨 일이 일어날지 확실하지 않기 때문에 죽는 것이 두렵다. 예전에는 천국에 갈 거라고 생각했지만 지금은 잘 모르겠다.

자살로 사망했거나 자살을 시도한 사람과 관련이 있나요?

사촌이 자살로 죽었다. 할아버지는 평생 우울증을 앓으시다가 교통사고로 돌아가셨다. 아버지는 그것이 진짜 우연이었는지 의도적인 것이었는지 아직도 궁금해하신다.

충동적인 경향이 있나요? (예: 위험한 상황을 만들거나 경솔한 결정을 내리는 것)

별로 그렇지 않다. 스카이다이빙을 하거나 자동차를 빨리 운전해 본 적은 있지만, 대부분은 뒤로 한 걸음 물러나 앉아 생각을 한다. 그래도 술을 너무 많이 마시면 충동적으로 행동하기도 한다(싸움을 하거나, 나쁜 결정을 내리는 등). 이건 조심해야 한다.

자살에 대한 기질적 능력을 살펴본 뒤, 당신의 삶에서 안전한 상태가 되기 위해 취할 수 있는 조치에는 어떤 것들이 있다고 생각하나요?

내가 고통에 대한 문턱이 꽤 높다는 것을 깨달았고, 자살 충동을 느끼고 있을 때 죽은 후에 무슨 일이 일어날지에 대한 두려움에 집중해야 한다고 생각한다. 내 마음을 다시 삶으로 돌려놓기 위해서 말이다. 그리고 나중에 후회할 충동적인 일을 하지 않도록 이제 술을 마시지 않거나 아주 조금씩만 마실 필요가 있다.

기질적 능력

고통에 대한 수용력이 높나요?

_____

_____

_____

죽음에 대한 두려움이 얼마나 강한가요?

_____

_____

자살로 사망했거나 자살을 시도한 사람과 관련이 있나요?

충동적인 경향이 있나요? (예: 위험한 상황을 만들거나 경솔한 결정을 내리는 것)

자살에 대한 기질적 능력을 살펴본 뒤, 당신의 삶에서 안전한 상태가 되기 위해 취할 수 있는 조치에는 어떤 것들이 있다고 생각하나요?

후천적 능력

죽음을 덜 두려워하게 만든 삶의 경험이 있나요?

　　가족들은 매우 안정적이고 서로를 지지해 주는 분위기였다. 가끔 기분이 우울할 때, 자살에 대한 상상에 빠지는 나 자신을 발견한다. 특히 술을 마실 때 그렇다. 마치 돋보기를 들이대고 있는 것처럼 고통이 더 심해지는 것 같다. 그 정도로 고통스러울 때는 술이 깼을 때처럼 죽음을 두려워하지 않는다.

고통을 더 잘 견디게 해 준 삶의 경험이 있나요?

대학 농구선수로서, 심각한 부상을 입은 적이 몇 번 있고 훈련과 경기를 하는 동안 고통을 많이 참아 왔다.

자살에 대한 후천적 능력을 살펴본 뒤, 당신의 삶에서 안전한 상태가 되기 위해 취할 수 있는 조치에는 어떤 것들이 있다고 생각하나요?

자살을 덜 두려워하게 만든 몇 가지 일을 경험해 왔다는 걸 인식했다. 그리고 과거를 없던 일로 되돌릴 수는 없지만 다른 사람들보다 높은 위험성을 가지고 있다는 것을 명심하는 것이 좋다. 또 음주를 주의해야 한다. 보통 술을 마시는 게 기분을 좋게 만들 거라고 생각하지만 실제로는 그렇지 않다. 술을 마신다면 한두 잔으로 제한해야 한다. 공상을 하고 자살을 계획하는 것 외에 기분을 끌어 올릴 수 있는 몇 가지 다른 방법에 대해 생각해 볼 수 있다. 내가 정말 원하는 것은 안정감이다. 몇 가지 건강한 대처 기술(예: 운동, 자기 위로, 친구에게 연락하기)을 시도할 수 있다.

후천적 능력

죽음을 덜 두려워하게 만든 삶의 경험이 있나요?

_____

_____

_____

고통을 더 잘 견디게 해 준 삶의 경험이 있나요?

_____

_____

자살에 대한 후천적 능력을 살펴본 뒤, 당신의 삶에서 안전한 상태가 되기 위해 취할 수 있는 조치에는 어떤 것들이 있다고 생각하나요?

_____

_____

_____

_____

_____

실용적 능력

직업, 취미, 정보 검색이나 다른 방법을 통해 자살하는 방법에 대해 알고 있나요?

> 나는 총이 없다. 가장 힘들었을 때는 다른 자살할 방법을 찾아봐야겠다고 생각
> 했다.

현재 치명적인 수단에 쉽게 접근할 수 있나요? 자기 자신을 다치게 할 위험 요소들
에 접근하기 더 어렵게 만들 방법이 있나요? 있다면 무엇인가요?

> 건강 상태 때문에 약을 갖고 있다. 자살 충동을 느끼기 시작하면, 그 약을 지하실
> 에 보관하거나 친구에게 맡겨야 한다. 총이 생긴다면 총기 안전에 대한 교육 과정
> 을 수료하고 별도로 총알을 보관하는 방법을 고려해야 한다.

자살에 대한 실용적 능력을 살펴본 뒤, 당신의 삶에서 안전한 상태가 되기 위해 취할
수 있는 조치에는 어떤 것들이 있다고 생각하나요?

> 가장 중요한 것은 자살 방법에 대한 정보를 그만 찾는 것이다. 때때로 그런 행동
> 은 어느 정도 안도감을 느끼게 하지만, 계속 안전하고 싶다고 생각할 때는 오히
> 려 나를 불안하게 만든다. 자살에 대한 지식을 얻지 않고 그 대신 나를 기분 좋게
> 만드는 다른 무언가에 집중하는 편이 낫다(예: 원예, 역사, 스포츠, 사회 참여 활
> 동 등).

실용적 능력

직업, 취미, 정보 검색이나 다른 방법을 통해 자살하는 방법에 대해 알고 있나요?

_____

_____

226

현재 치명적인 수단에 쉽게 접근할 수 있나요? 자기 자신을 다치게 할 위험 요소들에 접근하기 더 어렵게 만들 방법이 있나요? 있다면 무엇인가요?

자살에 대한 실용적 능력을 살펴본 뒤, 당신의 삶에서 안전한 상태가 되기 위해 취할 수 있는 조치에는 어떤 것들이 있다고 생각하나요?

당신은 지금 이 책을 읽고, 연습하며, 자살할 수 있는 능력을 낮추는 방법들을 생각하는 일을 아주 멋지게 잘 해내고 있습니다. 이러한 단계는 모두 어렵지만, 지금 하고 있는 것은 말 그대로 수많은 사람의 생명을 구하는 일입니다. 이런 일을 하는 자기 자신을 자랑스럽게 여기길 바랍니다.

안전 계획에 대해 도움받기

8장에서는 자신을 다치게 할 위험이 가장 큰 시기에 자살 충동이 자기

돌봄을 얼마나 어렵게 만드는지에 대해 이야기했습니다. 이는 감정과 정서적 고통이 너무 압도적이어서 혼자서 감당하기가 어렵기 때문입니다. 신체적 안전을 높이는 방법을 잘 모르는 경우 치료사나 친구와 이야기하거나 사랑하는 사람과 이야기해 볼 수 있습니다. 이때, 신뢰할 수 있는 사람을 선택해야 합니다. 어떻게 말을 해야 할지 생각하기 어려운 경우를 위해 아래에 몇 가지 대본을 예시로 적어 두었습니다.

- "가끔 자살하고 싶다는 생각으로 괴로워요. 그럴 때마다 제가 안전하다는 것을 확인하고 싶어요. 자살 충동이 좀 수그러들 때까지 제 약을 보관해 주실 수 있나요? 제가 좀 덜 위험해지면 알려 드릴게요."
- "요즘 다시 자살 생각이 들어. 나는 총을 사용할 생각을 해 왔어. 이 이야기를 너한테 꺼내기 정말 어려웠어. 자살 충동을 느끼지 않을 때까지 총을 보관할 금고를 구하려고 하는데 혹시 함께 가 줄 수 있을까?"
- "요즘 슬플 때 술을 마시고 마약을 더 많이 했어. 그러는 게 내 상태를 더 나쁘게 만들고 있는 것 같아. 혹시 며칠 밤만 내 상태가 어떤지 보러 와 줄 수 있니? 그러면 내가 생각에만 몰두해서 술을 마시거나 마약을 하지 않는 데 도움이 될 것 같아서 그래."

위의 예시가 적당한 표현을 찾는 데 도움이 되었길 바랍니다. 직접 대본을 작성하려면 다음의 구조를 기준으로 생각해 보면 됩니다.

- 첫째, 안전에 대해 도움을 요청할 수 있는 신뢰할 수 있는 사람을

생각합니다.

- 다음으로, 그 사람에게 요구하고 싶은 특정한 행동을 생각합니다 (예: 자살 수단으로 생각하고 있는 것을 대신 보관해 주거나, 상태를 확인하러 방문해 주거나, 함께 있어 주거나, 자신의 집에서 머물게 해 주는 것 등).

- 그런 다음 이 계획이 효과적이지 않을 경우를 대비한 예비 계획을 준비합니다(예: 도움을 구할 또 다른 사람, 핫라인, 정신건강 전문가, 긴급 전화 상담 등). 필요에 따라 위기 상황에 대처할 계획을 다시 검토합니다.

- 앞의 단계들을 완료한 후 (도움이 된다면) 아래와 같이 대본을 적어 보세요.

    "(이름)_____ 님, 안녕하세요. 저는 자살에 관해 생각하고 있는데, 저를 다치게 하고 싶지 않아요. 그래서 가능한 한 안전하게 지낼 방법들을 생각하고 있어요. (특정 행동)_____ 이렇게 저를 좀 도와주시겠어요? 고마워요."

자살에 관한 공상 대체하기

신체적 안전에 대한 부분을 마무리하기 전에, 이 장의 시작 부분에서 나온 주제로 다시 돌아가 봅시다. 당신이 자살에 대해 공상을 한다면, 맬컴이 했던 것과 같이 대체 가능한 행동의 가능성을 고려해 보길 바랍니다. 아래는 당신이 안도감과 해방감을 느끼기 위해 상상력을 발휘할 수 있는 안전한 대처 방식의 목록입니다. 자살에 대해 상상하는 대신 건강한 공상이나 향수에 빠져들게 할 대안 목록을 직접 적어 볼 수 있습니다. 이런 방식으로, 자살 충동이 일 때 그 고통에 대처하기 위해 다른 선택지들을 사용할 수 있습니다.

- 인생이 나아진 모습 상상하기
- 과거의 행복한 추억 떠올리기
- 기대하는 것 공상하기
- 책이나 영화 속에 빠져드는 공상하기
- 좋아하는 장소(예: 해변, 숲, 호수, 특정한 방, 그 밖의 다른 장소) 어딘가에 있는 모습을 생생하게 그려 보며 이완 운동하기
- 사랑하는 사람, 안전하다고 느끼는 사람과 함께 있는 상상하기
- _____
- _____
- _____
- _____

정서적 안전: 취약하다고 느낄 때 무엇이 효과적인지 알아보기

이 장의 후반부에서는 자살 충동을 느끼거나 정서적으로 취약하다고 느낄 때 당신에게 무엇이 가장 도움이 되는지 알아볼 것입니다. 어려운 순간, 가장 내밀한 감정을 공유할 수 있는 사람이 있다는 것은 매우 중요합니다. 이 책의 앞부분에서 이야기한 것과 같이, 자살을 생각하는 사람들

은 도움을 요청했을 때 부정적인 경험을 합니다. 때때로 주변 사람들은 자살 생각에 대해 이야기하는 것이 불편해서 당신이 꺼낸 이야기의 주제를 바꾸려 하기도 합니다. 당신을 진심으로 걱정하는 사람이라 해도 그렇습니다. 또 어떨 때는 정말 그들이 당신의 이야기를 들어 주었으면 하는 그 순간에 충고를 하기도 합니다. 어떤 사람은 당신이 감정을 솔직하게 드러낼 때 비판적으로 들리는 말을 할 수도 있습니다(예: "그건 그렇게 큰 문제가 아니야" 또는 "네 인생은 그렇게 힘들지 않아" 또는 "나는 기분이 가라앉을 땐 그냥 그런 생각을 그만둬. 너도 그럴 수 있어" 등). 이런 반응은 취약한 상태일 때 더 큰 고통을 줄 수 있습니다. 먼저 정서적 안전을 위해 당신에게 무엇이 필요한지 생각해 보고 난 뒤, 각자의 삶에서 어떻게 정서적 안전을 높일 수 있는지 이야기해 보겠습니다.

감정을 솔직하게 이야기해도 편안하게 느껴지는 사람을 생각해 보세요. 그 사람과 함께 있을 때 어떤 느낌이 드나요? 당신이 취약할 때 안전하다고 느끼게끔 그 사람이 하거나 하지 않는 행동은 무엇인가요? 이제, 당신이 감정적으로 안전하다고 느끼지 않는 사람에 대해서 생각해 보세요. 그 사람과 함께 있을 때는 어떤 느낌이 드나요? 취약한 상태일 때 그 사람과 함께 있으면 안전하다고 느껴지지 않게끔 그 사람이 하거나 하지 않는 행동은 무엇인가요? 당신을 비난하거나 놀리나요? 당신이 말할 때 끼어들어 방해하나요? 아니면 대화의 주제를 자기 자신에게로 돌려 버리나요?

안전 말구름 만들기

말구름을 만들며 안전에 대해 더 생각해 봅시다. 손으로 직접 그려도 되고 말구름 생성기 웹사이트(www.wordclouds.com)를 사용할 수도 있습니다. 신체적, 정서적 안전의 측면을 나타내는 단어 목록을 적어 봅시다. 당신에게 가장 의미 있는 단어는 말구름의 다른 단어들보다 더 크게 적을 수 있습니다. 아래의 예시는 안전을 위해 '나 자신에게 인내심 갖기', '내 말 들어 주기', '혼자가 아니라고 생각하기'와 같은 말을 중요하다고 생각한 사람이 적은 것입니다. 그 밖에도 '구체적인 계획', '포옹', '지식이 있는 사람으로 대해 주기'와 같이 안전하다는 느낌을 높여 주는 행동들도 포함했습니다. 또한 이 말구름은 자기가 안전하다고 느끼는 특정한 사람이나 장소도 포함하고 있습니다(예: 샌디, 맷, 할머니, 가족과의 저녁 식사, 바다). 만들기를 완료한 후 가장 안전하다고 느낄 때를 떠올릴 수 있도록 말구름을 휴대폰에 저장해 두거나 희망 키트에 보관해 둘 수 있습니다.

말구름 예시

당신이 감정적으로 취약하다고 느낄 때 무엇이 도움이 되는지 생각해 보았으니, 이제 다른 사람에게 감정을 솔직하게 드러내거나 그렇게 하지 않는 데 영향을 미치는 몇 가지 요인들을 살펴봅시다.

도러시아는 70대의 미망인으로, 은퇴한 이후까지도 심각한 정신건강 문제로 어려움을 겪은 적이 없었다. 그런데 갑자기 삶이 공허하고 무의미하다는 느낌이 들기 시작했다. 죽음을 떠올리며 병에 걸리거나 사고가 나서 언제든 삶이 끝나도 상관없다고 생각했다. 다양한 활동을 통해 공허함을 채우려고 노력했지만 인생을 즐겁게 만들기에는 역부족이었다.

성인이 된 도러시아의 자녀들은 매주 그녀를 찾아온다. 도러시아는 자녀들이 걱정하는 것을 원치 않았기 때문에 기분이 좋고 혼자 있는 시간을 즐긴다고 말한다. 도러시아에게는 매주 만나서 포트럭과 카드 게임을 하는 친구들이 있다. 그 무리의 여성들 가운데 일부는 불안과 우울, 외로움에 대해 솔직하게 털어놓는다. 도러시아는 항상 귀를 기울이지만 누군가 기분을 물으면 항상 좋다고 말한다. 도러시아는 힘든 시기를 겪고 있는 사람들을 위해 '바위' 같은 사람이 되는 것을 즐기며, 다른 사람들을 지지해 주는 상황에서 가장 편안하다고 느낀다.

최근 도러시아는 평소처럼 낙관적으로 생각하는 대신에 앞으로 남아 있는 날에 대해 두려움을 느끼기 시작했다. 뜬눈으로 밤을 지새웠지만 잠을 자기 위해 계속 노력했고, 이전의 또렷하고 명쾌한 삶으로 돌아가고자 했다. 도러시아는 자신의 감정을 솔직하게 털어놓는 것이 불안하지만 누군가에게 이야기하는 게 좋겠다고 생각했고, 사람들에게 솔직하게 자기 기분을 털어놓는 것의 장단점을 목록으로 만들기로 했다.

다른 사람에게 감정을 솔직하게 털어놓는 것의 장단점
(도러시아의 예시)

장점:

- 감정을 공유하면 기분이 나아질 것이다.
- 외로움을 덜 느낄 것이다.
- 사람들이 좋은 조언을 해 줄 수도 있다.
- 사람들이 함께 더 많은 시간을 보내자고 나를 초대해 줄 수 있다.
- 내 생각에 갇히지 않고 다른 방식으로 상황을 바라보는 데 도움이 될 수 있다.
- 관계를 더 깊게 만들어 주고 상호 관계의 우정을 만들어 줄 수 있다. 서로에게 의지할 수 있다.

단점:

- 다른 사람들이 나를 거부할 수 있다(아마 이런 일은 일어나지 않을 것이다).
- 내 안전지대를 벗어나게 될 수도 있다.
- 다른 데로 주의를 돌리고 피하는 대신에 내가 정말 어떤 감정을 느끼는지 직면해야 할 것이다.

당신도 도러시아와 비슷한가요? 만약 다른 장단점이 있다면 자신을 위해 적어 보세요.

다른 사람에게 감정을 솔직하게 털어놓는 것의 장단점

장점:

_____

_____

_____

_____

_____

단점:

_____

_____

_____

_____

　감정을 솔직하게 털어놓는 것이 당신을 다른 사람들로부터 더 취약하게 만들 수도 있습니다. 하지만 스트레스 원인을 혼자서 극복하기는 어렵습니다. 적합한 사람에게 내 감정을 솔직하게 털어놓는 위험을 감수함으로써 더 잘 지낼 수 있습니다. 예를 들어, 도러시아는 자신의 감정을 털어놓기로 결정한 후 어떻게 접근할지에 대해 더 자세하게 생각했습니다. 도러시아는 한 명에게 자기가 느끼는 것을 나누기로 결심했고, 그 행위가 더 많은 사람과 감정을 나누는 데 도움이 되기를 원했습니다.

　도러시아는 그 상대로 아들을 선택했는데, 그 이유는 아들이 도러시아가 걱정된다고 말했기 때문이었습니다. 도러시아는 아들이 걱정하는 것을 원치 않았지만, 아들과 전에 대화를 했을 때 아들은 이미 어머니가 기분이 좋지 않다는 것을 알고 있는 것 같았습니다. 또한 도러시아는 아들이 정신건강 문제에 대해 비판적이지 않으며 우울증으로 치료를 받은 적이 있다는 것도 알고 있었습니다.

만약 당신이 고통에 대해 털어놓을 생각을 하고 있다면 가장 먼저 떠오르는 사람은 누구인가요? 그 사람에게 무슨 말을 할 것이며, 어떤 것을 얻고 싶나요? 감정을 공유하는 과정을 보다 순조롭게 만들어 줄 부분들에 대해 미리 생각해 봅시다.

당신은 삶에서 만나는 다른 사람들과 서로 다른 욕구를 가지고 있을 것입니다. 예를 들어, 아들에게는 조언을 구할 수 있습니다. 아들 역시 정신건강 문제가 있었으므로 도러시아에게 공감할 수 있을 것이기 때문입니다. 카드놀이를 같이 하는 친구에게는 은퇴 후의 삶이 어떻게 변하는지 확인하고 이해받을 수 있습니다. 이러한 주제는 어렵지만, 삶에서 정서적인 안전을 추구하기 위해서는 생각해 보아야 할 문제입니다. 다른 사람이 도움이 될지 고려해 보고 나서도, 자살 충동에 대한 이야기를 하기 위해 누군가에게 다가가는 것이 불안할 수 있습니다. 어떤 사람들은 문자나 이메일로 먼저 연락을 하면 더 부드럽게 이야기를 진행할 수 있다고 느끼기도 합니다. 다음은 당신이 선택한 사람 혹은 사람들과 어떻게 대화를 시작하면 좋을지 정리해 보는 데 도움이 될 예시입니다.

- "사실 지금 이 이야기를 하는 게 좀 힘들지만, 요즘 스트레스를 받고 있어요. 당신을 놀라게 하고 싶지 않지만 제가 도움을 좀 받아야 할 것 같아서요. 전 요즘 죽음에 대해서 생각해요. 이런 생각들에 대해서 당신과 이야기를 나눌 수 있다면 저에게 도움이 될 것 같아요. 중간에 질문을 하거나 끼어들기 전에 먼저 제 이야기를 들어 주시면 좋겠어요. 지금 당장은 어떤 조언도 저에게 도움이 될 것 같지 않아요. 하지만 제 이야기를 들어 준다면 도움이 될 것

같아요. 지금 저를 위해 그렇게 해 줄 수 있을까요? 고마워요."

- "이 이야기를 나누는 게 긴장이 되기도 하지만, 최근에 전 좀 외로 웠어요. 제 마음이 어떤지 당신에게 이야기를 해도 될지 궁금하네 요. 그냥 제 감정들을 정리하고 다른 사람의 의견을 들으면 도움 이 될 것 같아서요. 지금 마음속이 뒤죽박죽인 느낌이거든요."

- "같이 만나서 점심 먹을 수 있을까? 지금 몇 가지 드는 생각이 있 는데 내가 그 생각들을 떨쳐 내지 못하는 것 같아. 나랑 시간을 좀 보내 주면 도움이 될 것 같아. 너는 나를 잘 알고 아마 이 문제를 해결할 방법에 대한 아이디어가 있을 수도 있으니까."

- "지금 제가 겪고 있는 어려움에 대해서 이야기를 나누고 싶은데 약속을 잡을 수 있을까요? 기도를 하면서 스스로 문제를 해결해 보려고 노력했는데 기분이 더 나아지지 않아요."

이 대본이 (1) 당신이 자신의 감정을 털어놓을 수 있는 신뢰할 만한 사람을 선택하는 방법, (2) 그 사람에게 어떤 이야기를 하고 싶은지 결정하는 방법(예: 자살 생각, 외로움, 스트레스), (3) 그 사람에게 원하는 바가 무엇인지 구체적인 요청을 하는 방법(예: 경청하기, 문제 해결, 격려해 주기), (4) 도움에 감사하고, 이미 시도해 보았지만 별 도움이 안 되었던 일들이 무엇인지 알리는 방법들에 대해 생각하는 데 도움이 되길 바랍니다.

- 사람들은 자살 생각을 경험하고 있더라도 삶을 향하고자 하고, 고통에서 멀어지고 싶어 하며 죽음을 두려워하는 생존 본능이 있습니다.
- 자살에 관해서 세 가지 유형의 능력이 있으며(기질적, 후천적, 실용적), 각 유형이 자기와 얼마나 연관이 있는지 탐구하면 도움이 됩니다. 이 정보를 사용해서 삶 속에서 물리적으로 보다 안전한 환경을 만들 수 있습니다.
- 자살 생각에 효과적으로 대응하기 위해서는 정서적인 안전감을 만드는 것이 중요합니다. 신뢰할 수 있는 사람을 파악해서 당신에게 필요한 것이 무엇인지 전달할 수 있습니다. 자살 생각에 대해 공개적으로 이야기를 하면서 다른 사람들에게 기대는 것도 도움이 됩니다.

돌아보며

이 장을 읽고 활동을 하면서 어떤 생각, 아이디어, 느낌이 떠올랐나요? 당신과 관련이 없다고 느낀 부분이 있었나요? 당신과 가장 관련이 있다고 느낀 부분은 어디였나요? 어떤 것을 배웠나요?

11장

미래를 위한 계획 세우기

축하합니다! 이 책의 마지막 장까지 오셨습니다. 이 모든 과정을 해 왔다는 것에 큰 자부심을 느끼길 바랍니다. 당신의 삶과 안녕감은 중요하며, 당신이 정신건강을 우선순위로 한다는 것이 참 다행스럽습니다. 자살 생각으로 괴로울 때는 새로운 대처 전략을 배우고자 하는 에너지를 찾기가 어려울 텐데도, 당신은 꾸준하게 변화를 위해 여기까지 노력해 왔습니다. 이번 장에서는 지금까지 배웠던 내용을 다시 짚어 보고, 당신에게 나타나는 변화를 숙고하고 계속해서 정신건강을 우선순위에 놓고 유지할 수 있도록 하는 계획을 세울 것입니다.

자살을 생각한 적이 있는 사람들 상당수가 삶의 다른 지점에서 다시 자살을 생각하게 됩니다. 어떤 사람은 정신건강이 악화되거나 스트레스 상황이 발생하면 다시 자살 생각이 떠오르고, 어떤 사람은 특별하게 정서적으로 고통스러운 상태가 아닐 때도 갑자기 자살 생각이 들기도 합니다.

당신이 다시 자살 생각을 떠올린다고 해도 전혀 잘못된 것이 아니며, 그런 경험을 하는 것이 당신만이 아니라는 사실을 꼭 유념하시길 바랍니다. 이 책을 끝까지 마쳤다고 해서 모든 사람이 자살 생각을 완전히 떨쳐버릴 수 있는 것도 아닙니다. 오히려 필요할 때마다 이 책으로 되돌아올 수 있는 것입니다. 이제 당신은 자살 생각에 대처하는 방법을 알고 있습니다. 이 책에 나온 전략들을 계속해서 연습한다면 더 확실한 방법이 될 것입니다. 이 방법들이 삶의 어려움을 헤쳐 나가는 당신의 능력에 자신감을 주고 평화를 제공할 수 있기를 바랍니다.

지금까지 배운 것

1장에서는 이 책의 사용 방법을 안내하고 CBT를 소개했습니다. 당신은 생각, 감정, 행동이 서로 어떻게 연결되고 서로 어떤 영향을 미치는지에 대한 통찰력을 얻었습니다. 이를 통해 자살 생각에 대처할 수 있는 새롭고 효과적인 방법을 찾는 힘을 얻었길 바랍니다. 1장에서 배운 내용을 복습하는 시간을 가져 봅시다. 당신이 가장 쉽게 하게 되는 사고 패턴은 무엇인가요? 앞으로 그것에 주의할 수 있도록 아래에 목록을 적어 봅시다. 당신이 쏟은 노력 덕분에, 이제 그런 사고 패턴이 일어날 때 그것을 어떻게 해결하면 좋을지 알고 있을 것입니다(5장에 나온 재구성 전략을 통해 해결할 수 있습니다).

- _____
- _____

- _____
- _____
- _____
- _____

다음으로, 2장은 당신 혼자만 자살 생각을 느끼는 것이 아니라는 것을 이해하는 데 도움을 주었습니다. 여기서 당신은 안녕감에 영향을 미치는 사회적 요인들을 탐구하고 자기 이해에 대해 배웠습니다. 또 당신이 겪는 어려움이 당신을 탓할 일이 아니라는 것도 알게 되었습니다.

당신의 경험을 맥락 속에서 파악한 뒤, 3장에서는 당신이 자살을 생각하는 원인과 그 기저에 있는 고통을 탐구해 보았습니다. 어떤 사람은 일생 내내 자살 생각의 원인이 동일하지만, 어떤 사람은 시간이 지나며 원인이 바뀌기도 합니다. 그러므로 당신이 현재 느끼는 고통의 이유를 명확하게 하고 싶을 때는 언제든 3장을 다시 찾아볼 수 있습니다.

4장에서는 위기에 대응하는 계획을 짜기 위한 작업을 열심히 수행했습니다. 이 작업은 자살 충동을 가장 강렬하게 느끼는 시간이 지나가도록 하기 위한 활동입니다. 가장 고통스러운 순간에 언제 어디에 있든 이 계획을 활용할 수 있도록 준비해 두세요. 이 책에서 내내 논의한 것처럼, 자살 예방은 단순히 당신을 살아 있게만 만드는 것이 아니라 당신의 삶을 덜 고통스럽게 만들어 당신이 살아 있고 싶도록 만드는 것입니다. 이 책이 당신이 살고 싶은 삶을 만드는 방법에 초점을 맞추고 있는 것도 그 이유 때문입니다.

5장에서는 정서적 고통을 줄이기 위한 문제 해결 방법과 CBT 전략을 배웠고, 6장에서는 친절하고 다정하게 자기 수용을 하는 방법을 배웠습니다. 우리 대부분에게 자기 자비와 수용은 쉽지 않습니다. 당신은 누군가 당신에게 자격이 없다고 말했던 트라우마와 같이 고통스러운 경험을 했을 수도 있습니다. 이러한 경험은 사람들이 자기 비난을 떨쳐 버리기 어렵게 만듭니다. 이 새로운 방법을 자기 자신에게 시도할 때 인내심과 자신감을 갖도록 노력해야 합니다. 반복해서 연습한다면 시간이 지나면서 쉬워질 것입니다. 이 책에 적힌 기술들 가운데는 제가 매주, 혹은 매일 연습하라고 당부한 것들이 있는데, 자기 자신에게 다정하게 대하기 위한 것들이며, 정말로 시간이 많이 걸리지 않는 일입니다. 완벽할 필요는 없습니다. 우울한 상태에서 100% 자신감이 있는 상태로 바로 가지 않아도 됩니다. 목표는 삶의 어려움을 직면하면서 자기 자신을 격려하는 방법을 배우는 것입니다. 다른 스트레스들 위에 가혹한 자기 비난을 얹지 않을 때, 삶이 더 나아지는 기분을 느낄 수 있을 것입니다.

다시는 괜찮은 삶을 살 수 없을 거라고 희망을 잃어버린 사람들에게 자살은 탈출구처럼 보일 수도 있습니다. 7장에서는 HOPE가 무엇의 약자인지 배웠습니다(도움 청하기, 낙관주의에 대한 이유 찾기, 관점 바꾸기, 감정에 주의 기울이기). 인생을 살아가며 더 많은 희망이 필요할 때마다 이 기술을 활용할 수 있습니다. 잠시 멈추고 이 기술을 어떻게 적용할 수 있을지 생각해 봅시다.

인생이 너무 힘든 것 같을 때 계속해서 희망을 갖기 위해 이러한 기술을 어떻게 사용할 수 있을까?

- _____
- _____
- _____

내가 미래에 희망을 갖게 만드는 것은 무엇일까?

- _____
- _____
- _____

이 책의 또 다른 핵심 메시지는 우리가 잘 살아가기 위해서는 서로를 필요로 한다는 것입니다. 8장과 9장에서는 관계, 역할 및 활동을 통해 삶의 유대감을 강화하는 방법을 배웠고, 10장에서는 신체적, 정서적으로 안전한 환경을 조성하면서 이 모든 것을 수행하는 방법을 배웠습니다. 이 책의 주제를 모두 묶는 이 마지막 장을 읽으며 성취감이 충만해지길 바랍니다. 당신을 위해 더 나은 삶을 만들고자 해낸 이 모든 일을 보세요! 정말 감탄할 만합니다.

당신이 이루어 낸 변화

이 여정 내내 믿고 노력해 준 것에 감사를 표합니다. 당신은 관계를 강화하고, 기쁨과 자기 자비를 키우고, 문제를 해결하고 인생의 어려움을 해결하기 위한 여러 가지 방법을 실천하는 법을 배웠습니다. 이 경험들이 당신의 삶을 더욱 풍성하게 만들어 주기를 진심으로 소망합니다. 다음의 활동을 통해 당신의 삶에 이런 변화들이 끼친 영향에 대해 생각해 보는 시간을 가져 봅시다(Jakobsons et al., 2007).

확인 점검하기

자살에 관한 생각

처음 책을 읽기 시작했을 때와 비교했을 때, 자살 생각을 얼마나 자주 하나요? 해당하는 항목에 동그라미를 치세요.

더 많이 한다   덜 한다   똑같이 한다

이 책을 읽기 시작했을 때와 비교했을 때 당신이 느끼는 자살 충동은 얼마나 강렬한가요? 예를 들어, 기존보다 오래 지속되는 경향이 있나요? 예전보다 덜 고통스러운가요? 아니면 더 수동적이거나 덜 활동적인 경향이 있나요? 각각의 질문에 대해 생각해 보고 빈칸에 답을 적어 보세요.

_____

_____

_____

이 책을 활용하기 시작한 지 얼마나 오래되었나요? 어느 시점에서 변화를 알아차리기 시작했나요? 가장 큰 영향을 끼친 특정한 활동이나 장이 있었나요? 각각의 질문에 대해 생각해 보고 빈칸에 답을 적어 보세요.

_____

_____

이 책을 활용하면서 자살 충동을 더 잘 극복할 수 있게 되었다고 느끼나요? 만약 그렇다면 어떤 면에서 그런가요?

_____

_____

기능의 변화

이 책을 읽기 시작한 뒤로 인생의 다른 부분에서 눈에 띄는 어떤 변화가 일어났나요? 해당하는 항목에 체크하세요.

	해당 없음	더 나아짐	변화 없음	더 나빠짐
학교	_____	_____	_____	_____
직장	_____	_____	_____	_____
가정	_____	_____	_____	_____
친구 관계	_____	_____	_____	_____
연애	_____	_____	_____	_____
신체 건강	_____	_____	_____	_____
기타	_____	_____	_____	_____

왜 다르게 느끼는가?

만약 변화를 경험했다면 무엇 때문인가요? 인생을 더 나아지게 하려고 다르게 한 일이 있나요? 자살 생각이나 행동이 더 악화되었다면, 왜 그런가요? 이 책을 활용하는 동안 당신을 더 고통스럽게 한 스트레스 상황이나 사건이 있었나요? 기술을 적용하고 연습하는 게 어려웠나요? 만약 그렇다면 이 기술들을 삶에 맞게 다듬도록 도움을 줄 수 있는 치료사를 만나 보기를 권하고 싶습니다. 혼자서 하는 건 어려울 수 있습니다! 이 질문들에 대해 생각해 보고 빈칸에 적어 봅시다.

_____

_____

_____

_____

_____

새로운 기술 활용하기

새로운 기술이 특히 도움이 되었던 때가 있나요? 이전에는 정말 어렵고 힘든 시간이 있었는데 이제 당신이 가진 기술로 해결할 수 있는 경우가 있나요? 시간을 들여 이 질문에 대한 답을 빈칸에 적어 봅시다.

_____

_____

_____

_____

자신감과 자부심

워크북이나 치료를 시작할 때 일반적으로 사람들은 정말 이것이 유용할지 의심합니다. 그동안 여러 다른 방법들을 시도해 보았는데도 불구하고 효과가 없었다면 그렇게 느끼는 것도 자연스러운 일입니다. 이 책을 읽기 전에 그렇게 느꼈나요? 지금은 그 느낌이 달라졌나요? 이제 자살에 대한 생각을 극복하기 위한 자신의 능력에 보다 더 자신감을 느끼나요? 당신이 배운 것에 자부심을 느끼나요? 생각과 감정들을 탐색해 보고 빈칸에 적어 봅시다.

_____

_____

_____

_____

잔물결 효과

자살에 대한 생각 이외의 영역에서 도움이 되었던 기술이 있나요? 예를 들어, 자기 자비가 불안에 대응하는 데 도움이 되었나요? 짜증이 나거나 화가 날 때 힘든 감정에 대처하기 위한 전략이 도움이 되었나요? 이러한 기술들이 삶의 다른 부분에 어떤 식으로든 적용되었다면, 어떻게 쓰였는지 적어 봅시다.

_____

_____

_____

_____

당신의 정신건강이 최우선입니다

일 년간 완벽하게 살면서 건강을 관리했더라도, 그다음 몇 달 동안 영양가 있는 음식 섭취를 중단해 버린다면 몸이 고통스러울 것입니다. 마찬가지로 2년 동안 꾸준히 달리기를 하다가 몇 달 동안 쉰다면 달리기 실력이 떨어질 것입니다. 신체 건강에서는 모두가 건강검진, 운동, 잘 먹는 것이 건강 유지를 위해 필요하다는 것을 잘 알고 있습니다. 정신건강도 이와 다르지 않습니다. 만약 건강을 최우선 순위로 놓지 않거나 배운 방법들을 연습하지 않는다면 정신건강이 나빠질 것입니다. 정신건강도 매일 신경 써야 한다는 점에서 신체 건강과 매우 유사합니다. 특히 스트레스가 극심한 시기에 그렇지요. 정신건강이 다시 나빠지는 일이 일어나지 않도록 정신건강 유지 및 관리 계획을 세워 봅시다.

내 정신건강 계획

이 책의 모든 활동과 마찬가지로, 이 계획은 매우 유연하고 상황에 따라 변경될 수 있습니다. 또한 당신에게 가장 도움이 되는 것을 알아가면서 여러 측면을 조정할 수도 있습니다. 정신건강에서는 보통 올바른 균형을 찾을 때까지 여러 가지를 시도하는 과정을 거칩니다. 정신건강 유지 및 관리 계획을 작성할 때는 달성 가능한 현실적인 목표를 세우는 것이 매우 중요합니다. 매일 하는 작은 실천이 당신이 올바른 곳에 머무는 데 도움을 줄 수 있습니다.[1]

- 정신건강을 위해 무엇을 매일 할 수 있나요? 매일 특정 시간 동안 수면을 취하는 것을 목표로 할 수 있을까요? 스스로 더 건강해진다고 느끼는 데 도움이 되는 식습관이 있나요? 관계를 돌보는 일은 어떤가요?

\
\
\
\

- 정신건강을 위해 무엇을 매주 할 수 있나요? 긍정적인 기분과 삶이 의미 있다는 감각을 유지하는 데 도움이 되는 특정한 활동들이 있나요? (예: 재미있는 이벤트 계획하기, 친구랑 함께 시간 보내기, 치료사 만나기)

\
\
\
\

- 보다 장기적인 목표(예: 월별 또는 연간)는 무엇인가요? 특별히 성장하고 싶은 영역이나 달성하고 싶은 목표가 있나요?

---

1   이 활동지의 사본은 뉴하빈저 웹사이트(www.newharbinger.com/47025)에서 다운로드 및 인쇄할 수 있습니다.

_____

_____

_____

_____

- 정신건강 관리 및 유지 계획에 방해가 될 수 있는 장애물이나 좌절감에는 어떤 것들이 있나요?

_____

_____

_____

_____

- 이러한 장애물과 좌절이 일어날 때 어떻게 해결할 수 있나요? 도움을 요청할 수 있는 사람이 있나요? 목표를 현재 상황에 더 맞게 조정할 수 있나요? 장애물마다 가능한 해결책을 브레인스토밍해 봅시다.

_____

_____

_____

_____

- 책의 여러 장을 다시 살펴보고 자기 자신, 감정, 그리고 자살 생각에 대해 정기적으로 확인하는 것을 잊지 마세요(예: 자기 비판적인 느낌이 든다면 6장을 펼쳐서 이를 극복하기 위해 어떤 활동들을 할 수 있는지 떠올려 볼 수 있습니다).

나가며

자신의 정신건강에 투자한 당신에게 마음 깊이 감사하고 싶습니다. 저는 자살을 생각하는 사람들을 돕기 위해 연구 문헌 및 치료사로서의 경험을 파고들며 배운 모든 것을 이 책에서 공유했습니다. 제가 이 책에 투자한 모든 노력과 시간이 당신의 삶을 더 나은 삶으로 바꾸었길 간절히 바랍니다. 당신이 열심히 노력하여 얻은 모든 도구와 기술들로 충만함을 느끼기를 바랍니다. 시도해 주셔서 감사합니다. 당신의 미래가 기쁨과 의미와 희망으로 가득 차길 기원합니다!

....

- 정신건강에는 지속적인 관심과 주의가 필요합니다.
- 당신에게는 힘든 시기를 헤쳐 나갈 수 있는 기술과 방법들이 있습니다. 당신은 실수를 하겠지만, 우리 모두 그렇습니다. 실수를 했을 때 자기 자신에게 애정과 너그러움을 가지고 다시 돌아올 수 있는 방법을 찾는 것이 중요합니다.
- 정신건강 관리 및 유지 계획을 만들면 당신이 새롭게 배운 것을 더 쉽게 유지하고 꾸준히 미래를 개선할 수 있을 것입니다.

돌아보며 ....

이 장을 읽고 활동을 하면서 어떤 생각, 아이디어, 느낌이 떠올랐나요? 당신과 관련이 없다고 느낀 부분이 있었나요? 당신과 가장 관련이 있다고 느낀 부분은 어디였나요? 어떤 것을 배웠나요?

걱정하는 친구와 가족들을 위한 메모

만약 아끼는 누군가가 걱정되어 이 책을 읽고 있다면, 당신의 응원이 고통받는 이의 삶에 변화를 줄 수 있다는 것을 알아 주길 바랍니다. 자살이 가슴을 도려내는 듯 아픈 이유 중 하나는 당신이 깊이 사랑하는 사람이 자기가 완전히 혼자라고 느끼며 희망이 없다고 느낀다는 점입니다. 그 사람은 다른 사람에게 다가갈 힘이 부족하거나, 자기가 도움을 받을 가치가 없다고 느낄 수도 있습니다. 당신이 걱정하는 사람을 더 잘 이해하는 데 이 책이 도움이 되기를 바랍니다.

이 부록에서는 지난 몇 년간 가장 흔하게 받았던 질문들에 답변할 것입니다. 답변은 자살 위기를 직접 경험한 사람에게 들은 이야기, 내담자를 대상으로 한 임상 경험, 수년간 시행된 자살 생각과 자살 행동에 대한 연구를 바탕으로 구성되었습니다. 자살 생각은 항상 그 사람의 개인적인 상황을 고려해야 하는데, 이는 어떤 종류의 다양한 상황 속에 있는 어떤 종류의 사람이든 간에 자살 생각에 영향을 받을 수 있기 때문입니다. 제가 안내하는 원칙은 최대한 윤리적이고 인간적이며 효과적이어야 한다는 것입니다. 이는 존엄성으로 그 사람을 대하고, 그 사람의 자율성을 존중하고, 그 사람에게 가장 도움이 될 만한 조언을 우선으로 하는 것을 의미합니다.

사람들은 인생이 고통스럽기 때문에 자살하고 싶어 한다는 것을 기억하는 것이 중요합니다. 안전은 늘 중요하고, 위기에 빠진 사람을 구조하는 일 역시 무엇보다 중요하기 때문에 이에 대해 10장에서 초점을 맞추어 다루고 있지만, 위기의 순간을 관리하는 것을 넘어서 정서적, 정신적 건강에 우리의 행동이 미치는 영향에 대해서도 생각해야 합니다. 당신이 느끼는 두려움, 정신적 고통, 긴박함은 위기가 닥쳤을 때 그리고 장기적으로 볼 때 한 발짝 물러서서 생각하는 능력과 그 사람에게 가장 도움이 되는 것에 대해 생각하는 능력을 저해할 수 있습니다. 비록 그 과정에서 약간의 불편함을 감수해야 하겠지만, 이 문제는 당신이 이해할 수 있고 해결할 수 있는 것입니다. 자살을 생각하는 사람은 종종 단순히 누군가가 이야기를 들어 주기를 원합니다. 그 사람은 평가받거나 오해받지 않고 자신을 표현하길 원합니다. 많은 사람이 자살 생각을 경험하지만 대다수는 자살을 시도하지 않는다는 사실을 기억하세요. 물론 실제로 행동으로 옮길 생각은 하지 않는 사람이라 하더라도, 여전히 자살 생각은 고통을 불러일으키기 때문에 지지와 보살핌이 필요합니다. 단지 들어줌으로써, 그 사람이 한 경험을 알아줌으로써, 어떻게 하면 당신이 지지할 수 있는지 물어봄으로써 그 사람을 위해 많은 것을 할 수 있습니다. 이러한 점을 염두에 두고, 아래에 적힌 보편적인 질문에 대한 답변을 살펴보시길 바랍니다.

제가 알아차려야 하는 경고 신호는 무엇인가요?

연구에 따르면 자살과 가장 관련이 높은 위험요인과 자살을 경고하는 신호를 더 잘 이해하려면 더 많은 과학적인 연구가 필요합니다(Franklin et al., 2017). 경고 신호를 알아차리기 어려운 이유 중 하나는 겉으로는 그 사람이 어려움을 겪고 있다는 신호를 항상 알 수 없기 때문입니다. 이러한 상황을 염두에 두고, 알아차릴 수 있는 경고 신호 몇 가지는 다음과 같습니다(American Association of Suicidology, 2020; Chu et al., 2015).

- 자살하고 싶다고 이야기하는 것
- 자살하는 방법에 대해 찾아보는 것(예: 총을 사려고 하거나 다른 자살 방법을 시도해보려고 하는 것)
- 평소에 비해 더 많이 죽음에 대해 이야기하거나 글로 쓰는 것
- 술이나 다른 물질의 사용이 증가하는 것
- 인생을 사는 목적이나 이유가 없다고 표현하는 것
- 높은 수준의 불안
- 어딘가에 갇힌 기분이 들거나 절망적이라고 이야기하는 것
- 수면을 자주 방해받는 것(예: 악몽, 불면증)
- 체중을 감량하려는 의도 없이 상당한 체중이 감소하는 것
- 타인과 어울리지 않는 것
- 무모한 행동의 증가
- 극단적인 기분의 변화
- 중요한 소지품을 나눠 주는 것(반려동물을 포함하여)
- 기본적인 자기 관리 및 위생을 소홀히 하는 것

경고 신호를 알아차렸다면 무엇을 해야 하나요?

그 사람에게 기분이 어떤지 물어보면서 대화를 시작해 보세요. 그리고 그 사람에게 자살할 것 같아 걱정이 된다고 직접적으로 말해 보세요. 연구에서 이러한 대화가 도움이 될 수 있고, 이런 대화를 한다고 해서 그 사람의 머릿속에 자살에 관련한 생각이 자리 잡지는 않는다는 것이 확인되었습니다(Blades et al., 2018). 그러고 나서 그 사람의 대답을 판단하지 말고 들으세요. 누군가가 자살을 생각한다거나 죽고 싶다고 이야기하는 것을 듣는 것은 고통스러운 일이지만, 판단하지 않으면서 계속 경청하려 하는 것이 중요합니다. 지지와 연민을 표현하세요. 언어로 표현할 수도 있지만, 종종 사람들은 비언어적인 표정과 몸짓으로 공감을 표현하기도 합니다. 당신이 진심으로 그 사람을 이해하고 싶다는 것을 알려주기 위해 질문을 하고, 그의 고통이 공감할 만한 것이라는 걸 알려주는 일, 이는 당신이 그 사람을 사랑하는 것과 같이 당연하고 자연스러운 일입니다. 그 사람에게 어떤 기분인지 묘사할 기회를 주었다면, 조언을 주기 전에 무엇이 도움이 될 것 같은지 물어보세요.

자살 생각과 자살 행동을 보인 사람들이 말해 준 것을 바탕으로 한, 도움이 되는 제안과 도움이 되지 않는 제안들은 아래와 같습니다.

일반적으로 도움이 되지 않는 것들
- "인생에는 아름다운 것이 정말 많아요. 감사하게 생각해야 해요."
- "다른 사람들은 당신보다 더 힘들어요. 그렇게까지 속상해할 필요 있나요?"
- "부정적인 생각에 연연해하는 걸 멈추고 긍정적인 생각에 초점

을 맞춰 봐요."

- "저는 기분이 처질 때마다 그냥 운동을 해요(또는 기도, 요가, 긍정적으로 말하기, 긍정적인 측면 생각하기, 명상, 건강하게 먹기 등). 그러면 기분이 나아지더라고요. 당신도 해 보세요."

- "이런 것들로 괴로워하지 마세요. 당신은 생각이 너무 많아요."

- "당신은 단지 관심받고 싶어서 이러는 거예요. 그렇게 하는 건 가족에게 이기적인 거예요."

- "119를 부르거나 병원에 가야겠어요!"(왜 지금 그러한 기분을 느끼는지, 물리적으로 안전한지 아닌지에 대해 이야기해 보지 않고 말하는 경우)

- "괜찮을 거예요."

일반적으로 도움이 되는 것들

- "들어 보니 많이 고통스러운 것 같네요. 무엇이 지금 당신을 아프게 하나요?"

- "나는 당신을 사랑하고 아껴요. 당신이 무슨 일을 겪고 있는지 알고 싶어요."

- "이 문제에 있어 당신은 혼자가 아니에요. 다른 사람들도 힘들어하고 있어요."

- "당신이 그렇게 느끼는 건 당신 잘못이 아니에요. 창피해할 필요 없어요."

- "당신이 그 일에 대해 이야기해 줘서 정말 기뻐요. 용기가 필요한 일이잖아요."

- "당신을 어떻게 하면 도울 수 있을까요?"

- "당신이 기분을 나와 나눈다는 것은 정말 의미 있는 일이에요. 나에게 말하는 게 편하다고 느낀다면 나는 더 듣고 싶어요."
- "내가 당신의 입장이라면, 나도 그렇게 느꼈을 것 같아요. 나라면 어떻게 대처했을지 잘 모르겠어요."

대화를 시작하고, 듣고, 지지를 표현한 후에 현실적으로 그 사람을 안심시킬 방법을 찾고 함께 행동 계획을 세우세요. 예를 들면 다음과 같습니다.

- "이 문제에 있어 당신은 혼자가 아니에요. 당신이 헤쳐 나갈 수 있도록 최선을 다해서 도울게요."
- "당신은 그동안 많은 일을 겪어 왔어요. 지금 당장 알아차리기는 어려울 수도 있겠지만 나는 당신이 잘 이겨 낼 거라고 믿어요. 제가 할 수 있는 방법이라면 어떤 방법을 사용해서라도 당신을 도울 거예요."
- "과거에 당신에게 도움이 되었던 것들을 시도해 보았나요? 우리가 다시 시도해 볼 만한 게 있나요?"
- "나는 당신을 잃을까 봐 걱정돼요. 당신은 나에게 무척 소중해요. 어떻게 하면 당신이 확실히 안전해질 수 있을까요?"(총기, 약물, 그리고 다른 자살 도구들을 멀리하기, 10장 참고)
- "작은 거라도 당신의 기분이 나아질 수 있게 하는 게 있다면 무엇인가요?"(예: 시간을 함께 보내기, 희망 키트 만들기(7장 참고), 즐길 만한 취미 고르기, 산책하기, 친구와 전화하기, 치료 계획 세우기)

- "지금 당신이 나와 이야기 나누는 건 기쁘지만, 내가 대화를 나누기 어렵거나 당신이 그냥 다른 사람과 연락하고 싶을 때 의지할 수 있는 다른 사람들도 있는지 알고 싶어요. 연락할 수 있는 다른 사람들이 있나요? 편하게 대화할 친구가 없다면 핫라인(예: 자살예방상담전화 1393)으로 전화를 걸 수 있어요."
- "지금 당장은 전문가의 도움을 구하는 것이 과하다고 생각할 수도 있지만, 시도해 볼 만한 가치가 있다고 생각해요. 내가 연결해 줄까요?"
- "치료를 시작하는 것이 떨린다면 내가 당신과 같이 가 줄 수 있어요. 단지 내가 어떻게 하면 이 과정을 헤쳐 나가는 데 도움이 될 수 있을지만 알려 주세요."

비자발적인 입원은 어떤 건가요?

어떤 이들은 "아끼는 사람이 치료자를 만나는 것은 동의했지만 비자발적인 입원은 걱정합니다. 입원에 관해 정신건강 전문가들은 어떻게 결정을 내리나요?"라고 묻습니다. 지역에 따라 법률이 다르고, 의사결정 과정은 정신건강 전문가, 내담자, 상황에 따라 달라집니다. 비자발적 입원의 일반적인 기준은 그 사람이 자살하거나 다른 사람을 다치게 할 수 있는 즉각적인 위험에 처해야만 가능하다는 것입니다. 지난 몇 년간 교류했던 정신건강 전문가는 며칠 안으로 자살할 구체적인 방안에 대해 이야기하고 스스로 멈출 방법을 찾지 못한 경우가 아니라면 비자발적 입원이 아닌 다른 방법을 찾으려는 경향이 있었습니다. 항상 그런 것은 아니기 때문에 비자발적 입원의 가능성이 있다는 것을 알아 둘 필요가 있습니다. 하지만 경험상, 제가 접한 대부분의 정신건강 전문가들은 내담자를 존중하며 함께 안전 계획을 세우는 것을 추구했기 때문에 비자발적 입원은 드문 일이었습니다.

당신은 사랑하는 사람이 정신건강 전문가를 만나기 전에 이러한 걱정스러운 사안에 대해 물어보고 충분히 정보를 가지고 결정을 내릴 권리가 있다는 것을 알아야 합니다. 그 사람이 특정한 정신건강 전문가의 치료 접근법에 대한 정보를 알아낼 수 있도록 당신이 미리 조치를 취해 도울 수 있습니다. 전화를 걸어 비자발적 입원에 대한 의사결정 방식과, 자살 생각을 가진 내담자에 대한 전문지식과 치료 경험에 대해 물어볼 수 있습니다. 바라건대, 이 질문들에 대해 솔직하게 대답하는 치료자를 만나길 바랍니다. 그렇지 않다면, 이 상황에 대해 도움을 줄 수 있는 서비스를 찾는 것을 고려할 수 있습니다.

사랑하는 사람을 지지하는 것이 제 정신건강에 영향을 줍니다

당신의 정신건강도 중요합니다. 그 사람을 돕기 위해서 당신의 한계를 정해야 한다면, 그렇게 해도 괜찮습니다. 한 걸음 물러서서 당신의 정신건강을 위해 얼마만큼의 공간을 더 마련해야 하는지 생각해 보세요. 자기욕구를 충족시키면서 동시에 사랑하는 이를 지지할 수 있도록 균형을 맞추는 방법을 배우기 위해 당신도 치료자를 만나는 것이 도움이 될 수 있습니다. 이러한 균형을 맞출 수 있는 방법 중 하나는 친구나 가족에게 이렇게 말하는 것입니다. "네가 고통스러워한다는 것을 알고 있고 진심으로 안타까워. 지금도 어떤 식으로든 너를 돕고 싶지만, 나도 지금 내 정신건강을 어떻게 관리하면 좋을지 고민하고 있어. 네가 의지할 수 있는 다른 사람들도 생각해 볼 수 있어? 내가 연락을 할 수 없을 때 네가 연락할 수 있는 친구나 친척, 지지해 주는 동료, 치료자, 핫라인에 대해서도 생각해 봐. 나는 너를 아껴. 그래서 내가 원하는 만큼 도울 수 없을 때 네가 필요로 하는 도움을 줄 수 있는 사람을 찾는 것이 내게도 무척 중요해." 당신에게 가장 잘 맞는 방식으로 대본을 바꿔도 됩니다. 목표는 당신이 삶에서 자기 자신의 정신건강을 우선순위로 두고 있고 그 사람도 그렇게 하길 바란다는 것을 알려 주는 것입니다. 당신은 당신이 괜찮은지를 확인하면서 동시에 당신이 그 사람을 아끼고 있다는 것을 보여 줄 수 있습니다.

자살로 인해 누군가를 잃었어요. 제 상실에 어떻게 대처할 수 있나요?

당신의 상실은 정말로 유감입니다. 사랑하는 이가 자살로 사망하는 것은 그 사람이 고통받고 있었다는 것을 알게 되기 때문에 특히 더 힘겨울 수 있습니다. 때때로 사람들은 무언가 잘못된 것을 알지 못했던 것, 또는 자살을 막기 위해 더 많은 것을 하지 않은 것을 자책합니다. 이 부록은 사랑하는 이가 자살을 생각하고 있다면 그 사람과 서로 통하기 위해서 각자 어떤 역할을 하면서 도울 수 있을지에 초점을 맞추고 있습니다. 그러나 다른 사람이 얼마나 어려움을 겪고 있는지 항상 알 수는 없습니다. 알고 있다 하더라도, 그 사람이 자살하는 것을 항상 막을 수는 없습니다. 이러한 점이 자살의 비극적인 부분이지만, 당신이 이를 알고 자기 자신을 탓하지 않는 것이 중요합니다. 우리가 우리의 능력 안에서 할 수 있는 모든 것을 한다 하더라도, 궁극적으로 어느 누구라도 할 수 있는 일에는 한계가 있습니다. 치료를 알아보거나, 특히 자살로 누군가를 잃은 사람들을 위한 사별 집단을 알아보는 것을 고려해 보세요. 제 경험상, 같은 종류의 비통함을 겪은 사람들과 이야기할 때 사람들은 더 많은 이해와 위로를 받는다고 느낍니다. 부록 B에는 자살로 사랑하는 이를 잃은 사람들을 위한 정보가 담긴 미국자살학회(American Association of Suicidology) 웹사이트 주소가 포함되어 있습니다.

자살 방지에 대해 어떻게 하면 더 배울 수 있을까요?

부록 B에서 추가적인 자료를 찾을 수 있습니다.

추가 자료

도서

Bryan, C., and M. D. Rudd. 2018. *Brief Cognitive-Behavioral Therapy for Suicide Prevention*. New York: The Guilford Press.

Burns, D. 1980. *Feeling Good: The New Mood Therapy*. New York: HarperCollins.

Freedenthal, S. 2018. *Helping the Suicidal Person*. New York: Routledge.

Gratz, K., and A. Chapman. 2009. *Freedom from Self-Harm: Overcoming Self-Injury with Skills from DBT and Other Treatments*. Oakland: New Harbinger.

Hershfield, J. 2018. *Overcoming Harm OCD: Mindfulness and CBT Tools for Coping with Unwanted Violent Thoughts*. Oakland: New Harbinger.

Jobes, D. 2016. *Managing Suicidal Risk: A Collaborative Approach*. 2nd ed. New York: The Guilford Press.

Joiner, T. 2005. *Why People Die by Suicide*. Cambridge: Harvard University Press.

Joiner, T., K. Van Orden, T. Witte, and M. D. Rudd. *The Interpersonal Theory of Suicide: Guidance for Working with Suicidal Clients*. Washington, DC: American Psychological Association.

Linehan, M. 1993. *Cognitive-Behavioral Treatment of Borderline Personality Disorder*. New York: The Guilford Press.

Linehan, M. 2015. *DBT Skills Training Manual*. 2nd ed. New York: The Guilford Press.

Minden, J. 2020. *Show Your Anxiety Who's Boss*. Oakland: New Harbinger.

Silberman, S. 2008. *The Insomnia Workbook*. Oakland: New Harbinger.

Singh, A. 2018. *The Queer & Transgender Resilience Workbook*. Oakland: New Harbinger.

Walker, R. 2020. *The Unapologetic Guide to Black Mental Health*. Oakland: New Harbinger.

웹사이트

American Association of Suicidology suicidology.org

American Foundation for Suicide Prevention afsp.org

Crisis Text Line www.crisistextline.org

International Association for Suicide Prevention www.iasp.info

International Society for the Study of Self-Injury itriples.org

Live Through This livethroughthis.org

Mental Health Art by Alyse Ruriani alyseruriani.com

National Suicide Prevention Lifeline suicidepreventionlifeline.org

The Psych Show with Dr. Ali Mattu www.youtube.com/c/thepsychshow

Trans Lifeline translifeline.org

The Trevor Project www.thetrevorproject.org

참고 문헌

Abramson, L., G. Metalsky, and L. Alloy. 1989. "Hopelessness depression: A theory-based subtype of depression." *Psychological Review* 96: 358–372.

American Association of Suicidology. 2020. *Warning Signs*. https://suicidology.org/resources/warning-signs. Retrieved September 6, 2020.

Anestis, M. 2018. *Guns and Suicide: An American Epidemic*. New York: Oxford University Press.

Anestis, M., and C. Houtsma. 2017. "The association between gun ownership and statewide overall suicide rates." *Suicide and Life-Threatening Behavior* 48: 204–217.

Ashrafioun, L., T. Bishop, K. Conner, and W. Pigeon. 2017. "Frequency of description opioid misuse and suicidal ideation, planning, and attempts." *Journal of Psychiatric Research* 92: 1–7.

Beck, A. 1979. *Cognitive Therapy and the Emotional Disorders*. New York: Plume.

Beck, A. 1993. "Cognitive therapy: Past, present, and future." *Journal of Consulting and Clinical Psychology* 61: 194–198.

Bentley, K., M. Nock, and D. Barlow. 2014. "The four function model of nonsuicidal self-injury: Key directions for future research." *Clinical Psychological Science* 5: 638–656.

Blades, C., W. Stritzke, A. Page, and J. Brown. 2018. "The benefits and risks of asking research participants about suicide: A meta-analysis of the impact of exposure to suicide-related content." *Clinical Psychology Review* 64: 1–12.

Bluth, K., and K. Neff. 2018. "New frontiers in understanding the benefits of self-compassion." *Self and Identity* 6: 605–608.

Boness, C., R. Hershenberg, J. Kaye, M.A. Mackintosh, D. Grasso, A. Noser, and S. Raffa. 2020. "An evaluation of Cognitive Behavioral Therapy for Insomnia: A systematic review and application of Tolin's criteria for empirically supported treatments. *Clinical Psychology: Science and Practice*. Early view: e12348.

Bridge, J., L. Horowitz, C. Fontanella, A. Sheftall, J. Greenhouse, K. Kelleher, and J. Campo. 2018. "Age-related racial disparity in suicide rates among US youths from 2001 through 2015." *JAMA Pediatrics* 172(7): 697–699.

Britton, P., H. Patrick, A. Wenzel, and G. Williams. 2011. "Integrating motivational interviewing and self-determination theory with cognitive-behavioral therapy to prevent suicide." *Cognitive Behavioral Practice* 18: 16–27.

Bryan, C., A. Bryan, D. Rozek, and F. Keifker. 2019. "Meaning in life drives reductions in suicide risk among acutely suicidal soldiers receiving a crisis response plan." *Journal of Social and Clinical Psychology* 38: 774–787.

Bryan, C., and M. D. Rudd. 2018. *Brief Cognitive-Behavioral Therapy for Suicide Prevention*. New York: Guilford Press.

Burns, D. 1980. *Feeling Good: The New Mood Therapy*. New York: HarperCollins.

Bush, N., S. Dobscha, R. Crumptom, L. Denneson, J. Hoffman, A. Crain, R. Cromer, and J. Kinn. 2014. "A virtual hope box smartphone app as an accessory to therapy: A proof-of-concept in a clinical sample of veterans." *Suicide and Life-Threatening Behavior* 45: 1–9.

Cerel, J., M. Brown, M. Maple, M. Singleton, J. Van de Venne, M. Moore, and C. Flaherty. 2018. "How many people are exposed to suicide? Not six." *Suicide and Life-Threatening Behavior* 49: 529–534.

Chesney, E., G. Goodwin, and S. Fazel. (2014). "Risks of all-cause and suicide mortality in mental disorders: A meta-review." *World Psychiatry* 13: 153–160.

Chu, C., J. Buchman-Schmitt, I. Stanley, M. Hom, R. Tucker, C. Hagan, M. Rogers, M. Podlogar, B. Chiurliza, F. Ringer et al. 2017. "The interpersonal theory of suicide: A systematic review and meta-analysis of a decade of cross-national research." *Psychological Bulletin* 143: 1313–1345.

Chu, C., K. Klein, J. Buchman-Schmitt, M. Hom, C. Hagan, and T. Joiner. 2015. "Routinized assessment of suicide risk in clinical practice: An empirically informed update." *Journal of Clinical Psychology* 71: 1186–1200.

Cuijpers, P., C. Gentili, R. Banos, J. Garcia-Campayo, C. Botella, and I. Cristea. 2016. "Relative effects of cognitive and behavioral therapies on generalized anxiety disorder, social anxiety disorder, and panic disorder: A meta-analysis." *Journal of Anxiety Disorders* 43: 78–89.

Denneson, L, D. Smolenski, B. Bauer, S. Dobscha, and N. Bush. 2019. "The mediating role of coping self-efficacy in hope box use and suicidal ideation severity." *Archives of Suicide Research* 223: 234–246.

Dimidjian, S., S. Hollon, K. Dobson, K. Schmaling, R. Kohlenberg, M. Addis, R. Getallop, J. McGlinchey, D. Markley, J. Gollan et al. 2006. "Randomized trial of behavioral activation, cognitive therapy, and antidepressant medication in the acute treatment of adults with major depression." *Journal of ⌐Consulting and Clinical Psychology* 74: 658–670.

Drapeau, C., and J. McIntosh. 2020. U.S.A. Suicide 2018: *Official Final Data.* Washington, D.C.: American Association of Suicidology, https://suicidology.org/wp-content/uploads/2020/02/2018datapgsv2_Final.pdf.

Ellis, A. 2016. *How to Control Your Anxiety Before It Controls You*. New York: Citadel Press.

Frankl, V. 1955, 2006. *Man's Search for Meaning*. Boston: Beacon Press.

Franklin, J., J. Ribeiro, K. Fox, K. Bentley, E. Kleiman, X. Huang, K. Musacchio, A., Jaroszewski, B. Chang, and M. Nock. 2017. "Risk factors for suicidal thoughts and behaviors: A meta-analysis of 50 years of research." *Psychological Bulletin* 143: 187–232.

Gratz, K., and A. Chapman. 2009. *Freedom from Self-Harm: Overcoming Self-Injury with Skills from DBT and Other Treatments*. Oakland: New Harbinger.

Hames, J., J. Ribeiro, A. Smith, and T. Joiner. 2012. "An urge to jump affirms the urge to live: An empirical examination of the high place phenomenon." *Journal of Affective Disorders* 136: 1114–1120.

Han, B., P. Kott, A. Hughes, R. McKeon, C. Blanco, and W. Compton. 2016. "Estimating the rates of deaths by suicide among adults who attempt suicide in the United States." *Journal of Psychiatric Research* 77: 125–133.

Hanh, T. N. 1976. *The Miracle of Mindfulness: An Introduction to the Practice of Meditation*. Boston: Beacon Press.

Hershfield, J. 2018. *Overcoming Harm OCD: Mindfulness and CBT Tools for Coping with Unwanted Violent Thoughts.* Oakland: New Harbinger.

Holt-Lunstad, J., T. Smith, M. Baker, T. Harris, and D. Stephenson. 2015. "Loneliness and social isolation as risk factors for mortality: A meta-analytic review." *Perspectives on Psychological Science* 10: 227–237.

Hottes, T. S., L. Bogaert, A. Rhodes, D. Brennan, and D. Gesink. 2016. "Lifetime prevalence of suicide attempts among sexual minority adults by study sampling strategies: A systematic review and meta-analysis." *American Journal of Public Health* 106: e1–e12.

International Society for the Study of Self-Injury. 2019. *Who engages in self-injury?* https://itriples.org/about-self-injury/who-engages-in-self-injury. Retrieved December 22, 2019.

Jakobsons, L., J. Brown, K. Gordon, and T. Joiner. 2007. "When are clients ready to terminate?" *Cognitive and Behavioral Practice* 14: 218–230.

Joiner, T. 2005. *Why People Die by Suicide.* Cambridge: Harvard University Press.

Klonsky, E. D. 2007. "The functions of deliberate self-injury: A review of the evidence." *Clinical Psychology Review* 27: 226–239.

Klonsky, E. D., and A. May. 2015. "The Three-Step Theory (3ST): A new theory of suicide rooted in the 'Ideation-to-Action' framework." *International Journal of Cognitive Therapy* 8: 114–129.

Klonsky, E. D., A. May, and C. Glenn. 2013. "The relationship between nonsuicidal self-injury and attempted suicide: Converging evidence from four samples." *Journal of Abnormal Psychology* 122: 231–237.

Klonsky, E. D., A. May, and B. Saffer. 2016. "Suicide, suicide attempts, and suicidal ideation." *Annual Review of Clinical Psychology* 12: 307–30.

Krakow, B., and A. Zadra. 2010. "Clinical management of chronic nightmares: Imagery Rehearsal Therapy." *Behavioral Sleep Medicine* 4: 45–70.

Li, Z., A. Page., G. Martin, and R. Taylor. 2011. "Attributable risk of psychiatric and socioeconomic factors for suicide from individual-level, population-based studies: A systematic review." *Social Science & Medicine* 4: 608–616.

Lindsey, M., A. Sheftall, Y. Xio, and S. Joe. (2019). "Trends of suicidal behaviors among high school students in the United States: 1991–2017." *Pediatrics* 144(5): e20191187.

Linehan, M. 1993. *Cognitive-Behavioral Treatment of Borderline Personality Disorder.* New York: Guilford Press.

Linehan, M. 2020. *Building a Life Worth Living: A Memoir.* New York: Random House.

Liu, R., E. Kleiman, B. Nestor, and S. Creek. 2015. "The hopelessness theory of depression: A quarter century in review." *Clinical Psychology.* 22: 345–365.

Liu, R., S. Steele, J. Hamilton, D. Quyen, K. Furbish, T. Burke, A. Martinez, and N. Gerlus. 2020. "Sleep and suicide: A systematic review and meta-analysis of longitudinal studies." *Clinical Psychology Review* 81.

Marshall, E., L. Claes, W. Bouman, G. Whitcomb, and J. Arcelus. 2015. "Non-suicidal self-injury and suicidality in trans people: A systematic review of the literature." *International Review of Psychiatry* 28: 58–69.

Miller, W., and S. Rollnick. 2013. *Motivational Interviewing.* New York: Guilford Press.

Neff, K. 2003. "Self-compassion: An alternative conceptualization of a healthy attitude toward oneself." *Self and Identity* 2: 85–101.

Nock, M., I. Hwang, N. Sampson, and R. Kessler. 2009. "Mental disorders, comorbidity and suicidal behavior: Results from the National Comorbidity Survey Replication." *Molecular Psychiatry* 15: 868–876.

O'Connor, R. and M. Nock. 2014. "The psychology of suicidal behavior." *Lancet Psychiatry* 1: 73–85.

Oh, H., A. Stickley, A. Koyanagi, R. Yau, and J. DeVylder. (2019). "Discrimination and suicidality among racial and ethnic minorities in the United States." *Journal of Affective Disorders* 245: 517–523.

Opara, I., M. A. Assan, K. Pierre, J. Gunn, I. Metzger, J. Hamilton, and E. Arugu. 2020. "Suicide among Black children: An integrated model of the interpersonal-psychological theory of suicide and intersectionality theory for researchers and clinicians." *Journal of Black Studies* 51(6): 611–631.

Oquendo, M., and N. Volkow. 2018. "Suicide: A silent contributor to opioid-overdose deaths." *New England Journal of Medicine* 378: 1567–1569.

Owens, D., J. Horrocks, and A. House. 2002. "Fatal and non-fatal repetition of self-harm: A systematic review." *British Journal of Psychiatry* 18: 193–99.

Owens, S., and T. Eisenlohr-Moul. 2018. "Suicide risk and the menstrual cycle: A review of candidate RDoC mechanisms." *Current Psychiatry Reports* 20: 106.

Raifman, J., E. Moscoe, S. B. Austin, and M. McConnell. 2017. "Difference-in-differences analysis of the association between state same-sex marriage policies and adolescent suicide attempts." *JAMA Pediatrics* 171(4): 350–356.

Salway, T., M. Plöderl, J. Liu, and P. Gustafson. 2019. "Effects of multiple forms of information bias on estimated prevalence of suicide attempts according to sexual orientation: An application of a Bayesian misclassification correction method to data from a systematic review." *American Journal of Epidemiology* 188: 239–249.

Sand, B., K. Gordon, and K. Bresin. 2013. "The impact of specifying suicide as the cause of death in an obituary." *Crisis* 34: 63–66.

Selby, E., M. Anestis, and T. Joiner. 2007. "Daydreaming about death: Violent daydreaming as a form of emotion dysregulation in suicidality." *Behavior Modification* 6: 867–879.

Smith, A., T. Witte, and T. Joiner. 2010. "Reasons for cautious optimism? Two studies suggest reduced stigma against suicide." *Journal of Clinical Psychology* 66: 611–626.

Stanley, I., K. Rufino, M. Rogers, T. Ellis, and T. Joiner. 2016. "Acute Suicidal Affective Disturbance (ASAD): A confirmatory factor analysis with 1442 psychiatric inpatients." *Journal of Psychiatric Research* 80: 97–104.

Stickley, A., and A. Koyanagi. 2016. "Loneliness, common mental disorders and suicidal behavior: Findings from a general population survey." *Journal of Affective Disorders* 197: 81–87.

Stone, D., T. Simon, K. Fowler., S. Kegler, K. Yuan, K. Holland, A. Ivey-Stephenson, and A. Crosby. 2018. "Vital signs: Trends in the state suicide rates—United States, 1999-2016, and circumstances contributing to suicide—27 states, 2015." *MMWR Morbidity and Mortality Weekly Report* 67: 617–624.

Substance Abuse and Mental Health Services Administration. 2017. *Key Substance Use and Mental Health Indicators in the United States: Results from the 2016 National Survey on Drug Use and Health.* Retrieved from: www.samhsa.gov/data/sites/default/files/NSDUH-FFR1-2016/NSDUH-FFR1-2016.pdf.

Swannell, S., G. Martin, A. Page, P. Hasking, and N. St. John. 2014. "Prevalence of nonsuicidal self-injury in nonclinical samples: A systematic review, meta-analysis, and meta-regression." *Suicide and Life-Threatening Behavior* 44: 273–303.

Tarrier, N., K. Taylor, and P. Gooding. 2008. "Cognitive-behavioral interventions to reduce suicide behavior: A systematic review and meta-analysis." *Behavior Modification* 32: 77–108.

Testa, R., M. Michaels, W. Bliss, M. Rogers, K. Balsam, and T. Joiner. 2017. "Suicidal ideation in transgender people: Gender minority stress and interpersonal theory factors." *Journal of Abnormal Psychology* 126: 125–136.

Van Orden, K., T. Witte, K. Cukrowicz, S. Braithwaite, E. Selby, and T. Joiner. 2010. "The interpersonal theory of suicide." *Psychological Review* 117: 575–600.

Weisskopf-Joelson, E. 1955. "Some comments on a Viennese school of psychiatry." *The Journal of Abnormal and Social Psychology* 51: 701–703.

Wenzel, A., G. Brown, and A. Beck. 2009. *Cognitive Therapy for Suicidal Patients: Scientific and Clinical Applications.* Washington, D.C.: American Psychological Association.

World Health Organization. 2019. *Suicide Fact Sheet.* Retrieved from: www.who.int/news-room/fact-sheets/detail/suicide. Retrieved December 14, 2019.

Yip, P., E. Caine, S. Yousuf, S. Change, W. Chien-Chang, and Y. Chen. 2012. "Means restriction for suicide prevention." *The Lancet* 379: 2393–2399.

Zalsman, G., K. Hawton, D. Wasserman, K. van Heeringen, E. Arensman, M. Sarchiapone, V. Carli, C. Hoschl, R. Barzilay, J. Balazs et al. 2016. "Suicide prevention strategies revisited: 10-year systematic review." *The Lancet: Psychiatry* 3: 646–659.

저자 소개

캐스린 호프 고든

캐스린 호프 고든 박사(Kathryn Hope Gordon, PhD)는 인지행동치료를 전문으로 하는 임상심리학자이다. 십 년간 교수로서 학생들을 가르쳤으며, 이후 본격적인 치료사의 길로 접어들었다. 그는 자살 행동, 섭식 장애 등과 관련한 주제로 80여 건의 학술 논문 및 서적 집필에 참여했다. 활동적인 정신건강 연구자로서 팟캐스트와 블로그를 통해 심리학을 적극적으로 소개하는 한편 본인의 웹사이트(www.kathrynhgordon.com)에서도 정신건강에 관한 다양한 정보를 나누고 있다.

토마스 엘리스 조이너 주니어

추천 서문을 쓴 토마스 엘리스 조이너 주니어 박사(Thomas Ellis Joiner, Jr., PhD)는 플로리다주립대학교의 브라이트 버튼(Bright-Burton) 석좌 교수이며 동 대학교 심리학 클리닉의 소장이다. 또한 학술지『행동치료(Behavior Therapy)』의 부편집장이며,『상담 및 임상심리학지(Journal of Consulting and Clinical Psychology)』를 비롯한 여러 학술지의 편집자로 참여하고 있다.

역자 소개

이동훈

성균관대학교 사범대학 교육학과 교수(상담교육전공 주임)

미국 플로리다대학교(University of Florida) 박사

현) 성균관대학교 외상심리건강연구소 소장

    한국상담심리학회 상담심리사 1급

    한국상담학회 전문상담사 수련감독급

    전국대학교학생상담센터협의회 회장

    한국재활심리학회 편집위원장

    행정안전부 「중앙재난심리회복지원단」 자문위원

    법무부 법무보호위원

    교육부·한국연구재단 한국사회과학(SSK)지원사업 「청소년 자해 및 자살 예방과 개입」 연구책임자

전) 성균관대학교 카운슬링센터장

    한국상담학회 대학상담학회 회장

    한국청소년상담원 상담교수

    법무부 장관상(2022) 「출소자와 가족 심리지원에 대한 학술적 토대 마련 기여」

    행정안전부 장관상(2021) 「국가재난 심리지원 모델 구축에 대한 기여」

    제30회 과학기술우수논문상(2020)

전홍진

성균관의대 삼성서울병원 정신건강의학과 교수

서울대학교 의과대학 졸업, 동 대학 정신과학 석·박사

현) 삼성서울병원 디지털치료연구센터장

전) 보건복지부 정신건강문제해결연구사업 「자살 고위험군 선별도구 및 자살 위험도 평가도구 개발 및 효과검증」 연구사업 책임자

    보건복지부 위탁 중앙심리부검센터장

    보건복지부 장관상(2020년)

    국무총리 표창 수상(2020년)

미국 하버드의대 매사추세츠 종합병원 우울증임상연구센터(Depression&Clinical Research Program, DCRP) 연수·자문교수

김영애
성균관대학교 박사수료(상담교육)
외상심리건강연구소 연구원

김성현
성균관대학교 석사(상담교육)
외상심리건강연구소 연구원

정다송
성균관대학교 석사(상담교육)
외상심리건강연구소 연구원

엄희준
성균관대학교 석사(상담교육)
외상심리건강연구소 연구원

김민지
성균관대학교 석사(상담교육)
외상심리건강연구소 연구원